LA SANTA MISA VIVIDA POR LOS NIÑOS

Dr. Maria Montessori

Pilgrims of the world

Espe & Luis

CONTENTS

PREFACIO

Por Esperanza Fernández

En el corazón de mi historia yace la vivencia de una búsqueda profunda en el mar de la fe. Nací en el seno de una familia católica, donde las tradiciones religiosas se entrelazaban con nuestras vidas cotidianas. Sin embargo, confieso que durante gran parte de mi existencia, esta conexión con mi fe se mantenía en un nivel superficial. Los rituales y enseñanzas a menudo parecían un misterio encriptado, distante en su significado real.

Fue tras atravesar una crisis de fe, un momento de oscuridad y duda, que me vi compelido a explorar mi espiritualidad de una manera más profunda. Busqué respuestas, anhelando comprender la verdadera esencia de la Santa Misa y el mensaje que ella portaba. En ese sendero de búsqueda y cuestionamiento, tuve la fortuna de encontrarme con almas generosas, verdaderos guías espirituales que me condujeron hacia la luz que tanto necesitaba.

En este mundo contemporáneo, tan cambiante y lleno de corrientes de pensamiento cada vez más diversas, la fe católica a menudo se ve desafiada por una mentalidad más liberal y secular. Los vientos del cambio soplan con fuerza, y la juventud se encuentra inmersa en un mar de opiniones y creencias diversas. Ante esta realidad, se plantea la necesidad de abordar la enseñanza de la fe desde una perspectiva más comprensible y cercana.

Cómo podemos guiar a nuestros pequeños en medio de este desafío, cómo podemos cultivar en ellos el amor por la Sagrada Eucaristía en un mundo que, a veces, parece alejado de estos valores. Es un viaje que exige dedicación y amor, donde los padres asumen la responsabilidad primordial de dotar a sus hijos de las herramientas necesarias para comprender y abrazar la presencia de Jesús en la Eucaristía. Este libro es un testimonio de esa travesía, una exploración del poder transformador que yace en el entendimiento y el amor verdadero hacia la Santa Misa.

El promover esta obra, cuyas páginas hoy sostienes, nace del amor profundo hacia la Eucaristía y la convicción de que cada padre merece tener al alcance las herramientas que fomenten la comprensión y el apego de sus hijos a este regalo divino. Es un llamado a la acción, a brindarles a nuestros pequeños el regalo de la fe vivida en su plenitud, a través de la comprensión y el amor por la Santa Misa.

Que estas palabras puedan iluminar caminos, fortalecer lazos familiares y guiar a los corazones más jóvenes hacia la hermosa presencia de Jesús en la Eucaristía. Juntos, como comunidad de creyentes, abrazamos este viaje de fe, nutriendo nuestras almas y enriqueciendo nuestras vidas en el divino banquete que nos ofrece la Sagrada Misa.

PREFACIO PARA LOS NIÑOS

"Lo que fue desde el principio, lo que oímos,

lo que vimos con nuestros ojos,

y contemplamos

y palparon nuestras manos...

es lo que os anunciamos

para que tengáis también vosotros unión con

y nuestra unión sea

con el Padre y con su Hijo Jesucristo."

Así habló San Juan, el discípulo amado de Jesús.

INTRODUCCIÓN

Uno de los mayores progresos en la educación religiosa de los niños, ha sido el introducirlos en las prácticas litúrgicas, en forma tal que tomen parte en ellas con pleno conocimiento.

Desde aquel momento el misal de los niños y la preparación de éstos para seguir la Misa ha adquirido una importancia paralela a la enseñanza catequística, que casi era único reservado a los niños antes de la gran reforma de Pío X.

Pero, para realizar prácticamente este progreso se han seguido los métodos de educación usados en nuestra época y se ha conservado, respecto al niño el mismo antiguo concepto que ha tenido siempre el adulto de la personalidad de aquél. Es decir, considera necesaria la intervención continua y directa del adulto sobre el niño, para impedirle acciones desordenadas, suponiéndole solamente capaz de obrar bien por la exhortación o el ejemplo de los mayores. Así pensaban también las gentes en tiempo de Jesucristo; cuando los niños se acercaban al divino Maestro, el adulto no les permitía aproximarse. Tanto que Jesús hubo de decir: "Dejad que los niños se acerquen a Mi". Además, el Señor tuvo por esta causa uno de sus momentos de severidad y le dio ocasión para una de sus revelaciones divinas: "En verdad os digo que, si no os volvéis y no os hacéis semejantes a los niños, no entraréis en el Reino de los cielos. "

Jesús percibía en los niños algo que el adulto de hace dos mil años, como el de hoy, no percibía. Y en los Evangelios se afirma claramente que a los niños se les revelarán muchos misterios.

Las enseñanzas de Jesucristo sobre el niño tocan el punto central de su educación: el niño tiene una personalidad diversa de la nuestra, y en él se encierran tendencias espirituales que el adulto ha ocultado siempre bajo una capa endurecida.

Debemos tener siempre presente este concepto para estar dispuestos a ofrecer a los niños no solamente las cosas más altas sino en la forma más elevada.

Debemos ayudar al niño dándole los conocimientos religiosos que necesita, pero sin olvidar que también él nos puede ayudar indicándonos el camino del Reino de los cielos. El respeto grande a la personalidad del niño debería formar parte de nuestros más profundos sentimientos cristianos, y la práctica de estos sentimientos debería constituir el perfeccionamiento característico de todo maestro religioso. Podemos esperar mucho de la espiritualidad de los niños; no olvidemos que el Sumo Pontífice Benedicto XV, durante la conflagración europea, puso al dorso de una bula impresa que en todas las iglesias estaba expuesta a los fieles: "Ruego desde el altar a los queridos y omnipotentes niños que me tiendan la mano."

Lo que tiene una gran importancia para nosotros, los adultos, en la cuestión de la educación litúrgica de los niños, no es solamente el modo de enseñarles las cosas necesarias para ello, sino el preparar nuestro ánimo para una mayor sensibilidad.

Hay que confesar que estamos bien lejos de la actitud de ánimo que sería preciso. Es cosa frecuentísima oír en la iglesia palabras duras y hasta injuriosas, dirigidas al niño: "Estate quieto, no molestes. Eres un distraído. Eres malo."

Muchos maestros seglares conducen en la iglesia filas de niños como un cabo que tiene a sus órdenes nuevos reclutas. "¡Eh! de rodillas. ¡Así no, todos juntos!"; o también se ven maestros que cogen por los hombros a los niños y los meten uno a uno en los bancos, como si se tratase de fruta que se coloca en cestos.

Otro error evidente es el de enseñar durante los oficios.

Con frecuencia sucede en nuestros días que se encuentran en las iglesias gentes buenas que se han impuesto la misión de asistir y enseñar durante los divinos oficios a grupos de niños y también de muchachos mayores, que acaso ya estudian el álgebra y comentan el Quijote. Durante la elevación, momento de silencio y recogimiento, oyese resonar la voz del celante maestro, voz sin armonía y sin expresión, que grita explicando con el tono de quien cumple un árido deber, lo qué significa la consagración y cuáles sentimientos debe despertar en la conciencia de los fieles. Concluida la lección, un "¡Siéntense!" hace cambiar de postura a aquellos cuerpos jóvenes, en los cuales, con la mejor intención, se sofocó todo impulso.

Un error semejante se encuentra en muchos de los libritos de Misa, escritos expresamente para los niños. Estos libros están recargados de enseñanzas, ya sea en el texto o ya en las ilustraciones, lo que retiene la atención del niño absorbiendo todas sus energías. Quien lee estos libritos debe prestar atención a las figuras que indican la postura del sacerdote oficiante, situado ora a la derecha, ora a la izquierda; unas veces mirando al altar y otras hacia los fieles, y ha de hacer que las palabras del texto estén en armonía con aquellas actitudes. Juntamente con todo esto, en muchos de estos libritos están ilustrados también, los significados simbólicos de los varios actos que forman parte del rito: Esto representa el nacimiento de Jesús, esto su predicación, aquello su muerte y sepultura. Pues bien, todos hemos podido comprobar cuán difícil es el seguir genuinamente la Misa, aun cuando se tenga desde largo tiempo la costumbre y casi se sepan de memoria las palabras. ¿Cómo, pues, seguirla e instruirse al mismo tiempo?

¿La finalidad de la Misa no es acaso el hacernos participar de sus misterios, abandonando a Dios nuestro espíritu con aquel recogimiento que sólo es posible, desligando por un instante nuestra conciencia de los lazos exteriores? Por esta razón, en los primeros tiempos, los cristianos despedían a los catecúmenos al comenzar la Misa de los fieles. Porque precisamente no se va a ella para instruirse, que es un acto exterior; sino que se va para unirse a Jesucristo con la entrega más íntima de nuestro espíritu. Instrucción y participación en los misterios son dos cosas muy diversas que deben permanecer separadas.

Precisamente ésta es la primera subdivisión de la Misa en partes: La Misa de los catecúmenos y la Misa de los fieles.

Y esto es muy significativo.

No es necesario que el niño sea un sabio para seguir la Misa; pero lo es que sea espiritualmente libre. Es decir, la instrucción no debe confundirse con la práctica del culto.

El misal debe ser para el niño, como para nosotros, una pura y simple reproducción del texto litúrgico: y la parte de enseñanza instructiva se debe reservar para el atrio o para un momento distinto del de la asistencia al rito.

Ya es cosa convenida entre la mayor parte de los que hoy buscan el medio de elevar la preparación religiosa de los niños, que el misal de los niños debe ser una reproducción del texto litúrgico.

Pero la disposición del texto litúrgico se ha de hacer de forma accesible al niño; he aquí donde radica el problema sobre la cuestión del misal para los niños. Sin cambiar el texto puede, sin embargo, adaptarse al niño en la manera de ofrecerlo, en la manera de analizarlo y graduarlo y, sobre todo, en hacerlo concurrir en la misma actividad del niño, porque está ya demostrado que los niños encuentran en la actividad la mejor parte de sí mismos.

Pero no se trata aquí de explicar lo que, a mi juicio, debería ser el misal para los niños. El argumento es muy vasto, y trato de él en otro libro, dedicado especialmente a la Misa de los niños.

LA ÚLTIMA CENA

"**I**d a prepararnos lo necesario para celebrar la Pascua. Encontraréis una sala grande aderezada, preparad allí lo necesario.

Y dispusieron la Pascua.

Llegada la hora, Jesús se sentó a la mesa con los Apóstoles y les dijo: he deseado comer este cordero pascual con vosotros antes de mi pasión:

Porque yo os digo que ya no lo comeré otra vez.

Y tomando el cáliz dio gracias y dijo:

Tomad y distribuirlo entre vosotros: porque os aseguro que ya no beberé del zumo de la vid hasta que llegue el reino de Dios.

Este cáliz es la nueva alianza sellada con mi sangre, que se derramará por vosotros.

Luego tomó el pan, dio gracias, lo partió y lo dio a sus discípulos, diciendo:

Haced esto en memoria mía.'

LA MISA

En la última Cena es donde se funda la Misa. Desde entonces los discípulos de Cristo continuaron buscando el gran lugar aderezado para preparar la Mesa.

Id a verlo. La sala, el lugar aderezado, es la iglesia, y allí se encuentra el altar, la mesa aderezada con blancos manteles. Encima está el cáliz precioso, donde se vierte vino y agua, y también un platillo donde hay un poco de pan en forma de Hostia. Junto a la mesa aderezada hay un hombre, el sacerdote, que representa a Jesús. Repite las palabras de Este a los Apóstoles que entonces le rodeaban: "Tomad y comed, este es mi cuerpo", y de manera semejante, tomando el cáliz, repite: "Este es el cáliz de mi sangre, que será derramada en remisión de los pecados."

Todos los fieles que tienen el corazón puro se acercan con amor y devoción a recibir la sagrada Hostia, como los Apóstoles recibieron aquel día el pan de las manos de Jesús, mientras les repetía a ellos y a nosotros: "Haced esto en memoria mía."

EL MISTERIO

Sin embargo, la santa Misa, no es solamente una recordación. Esto lo puede creer solamente quien no penetra en sus misterios. Entonces sí, puede parecer un rito que se cumple para recordar a Jesús, que ha muerto, desaparecido de la tierra como hombre vivo. He ahí el recuerdo; la imagen de Jesús crucificado está como un símbolo siempre presente en el centro de la mesa y las velas encendidas arden en torno suyo. Propiamente parece un piadoso recuerdo de su muerte.

Pero no se trata de una cosa tan sencilla.

Nosotros no asistimos a la Misa solamente para conmemorar la Pasión de Cristo y realizar un acto piadoso, un deber perpetuo.

Allí no hay muerte. Aquella muerte es vida.

En la Misa se encierra un misterio profundo, algo sobrenatural, sorprendente: ¡un milagro sin igual! Jesús, en un cierto momento, desciende vivo sobre el altar; está invisible, pero verdaderamente está presente porque el pan y el vino se convierten en su Cuerpo, y su Sangre, a los que va unida su Alma, su Divinidad. El viene por y para nosotros.

Cuando vamos a Misa no vamos para conmemorar a Jesús; vamos a encontrarle, a recibirle. Él está presente y vivo y no nos abandonará jamás.

Esto es nuestro consuelo, nuestra esperanza, más aún, nuestra fe. Este es el misterio de la Misa.

Nosotros no somos huérfanos, no estamos solos sobre la tierra; Jesús no nos ha abandonado cuando ascendió a los Cielos; y lo dijo: "No os dejaré huérfanos." Sí, saliendo de la santa Misa, podemos gritar como la Magdalena consolada: "¡Está vivo! ¡Yo le he hablado!"

EL GRAN MILAGRO

El misterio de la misa se puede resumir en este solo hecho; escuchad la gran promesa:

"Cuando el sacerdote, oficiando en el altar, conmemorando a Jesús, pronuncie ciertas palabras, que son las mismas que pronunció Jesús en la última Cena, Jesús descenderá realmente vivo, para darse a los hombres y vivir en sus corazones "

Él ha venido en aquel momento solemne, llamado "Consagración", cuando todos los fieles se postran, con los ojos atentos y la mirada fija sobre la prueba del Gran Milagro.

La Hostia que se alza es el Cuerpo de Jesucristo vivo.

El Cáliz que se eleva contiene la Sangre de Cristo. Algunas veces el Milagro se hizo visible, no solamente a los ojos de personas santas que asistían a la Misa con gran fe, sino a personas poco fervorosas y hasta incrédulas.

Un santo ermitaño que en el momento de alzar la sagrada Forma vio en ella un niño, el niño Jesús, irradiando una luz maravillosa. Acaeció también que un sacerdote poco cuidadoso, vertió el cáliz con el vino ya consagrado, sobre los manteles del altar, y el vino, que siempre es blanco, dejó manchas rojas, como de sangre, que en vano se lavaron y volvieron a lavar. Las manchas quedaron indelebles.

También se cuenta que Witikind, el feroz rey de los sajones se convirtió al Cristianismo porque vio en la Hostia, durante la Comunión, la figura de un niño sonriente o terrible según la disposición del que se acercaba a recibirle.

Estos y tantos otros prodigios semejantes tuvieron lugar en muchas partes; son una ayuda de nuestra fe.

Pero el verdadero prodigio es el que Jesús sacramentado obró en el corazón de los cristianos. El Gran Milagro es el que se repite en cada Misa; la presencia de Jesús oculto, pero realmente presente a nuestra fe.

Es por esta fe que nosotros somos los Fieles.

Así oculto, Jesús permanece bajo las Especies sacramentales, y se conserva encerrado en el Tabernáculo; ante éste se postran los fieles devotamente cada vez que entran en el templo.

La santidad de la Iglesia es don de aquella presencia real de Jesucristo.

Pero solamente en la Misa desciende y transubstancia el pan y el vino, en su cuerpo y sangre, como se encarnó en el vientre purísimo de la Virgen María, hace tantos siglos.

LA IGLESIA

¿Os imagináis el movimiento de los hombres en torno de semejante misterio, de semejante milagro? Es entorno de él que, desde la época de la última Cena de Jesús, de su Pasión y Resurrección y de la venida del Espíritu Santo, los cristianos se reúnen estrechamente en la Iglesia.

Los cristianos de la Iglesia católica no están unidos únicamente en torno de la memoria del Mesías anunciado por los Profetas, Maestro y Salvador de los hombres, que padeció y murió por amor de aquellos que tanto pecaban contra El. No son solamente los seguidores de una enseñanza sublime y divina, como fue la de Cristo vivo entre los hombres, cuando los instruía como Maestro.

Los católicos no son esto solamente.

Se reúnen alrededor del Misterio del continuo retorno de Jesús vivo y sobre la tierra, para recibirlo y vivir en Él.

Nosotros, en la Iglesia, vivimos por milagro; nosotros creemos ensimismarnos con Dios.

De Él hemos de tomar fuerzas para seguir sus doctrinas. El hombre puede aprender las cosas más hermosas; pero, para ponerlas en práctica pide a Dios la gracia; más todavía, quiere confundirse con Dios, porque es Jesús en nosotros quien todo lo puede.

La aspiración del cristiano católico es esta:

"No soy yo quien vive, es Jesús quien vive mí."

LA HISTORIA

Imaginaos, pues, el fervor de vida religiosa que se desarrolló alrededor de este milagro. La acción maravillosa de los primeros cristianos, el ardor de los mártires tiene en esto su exclusivo origen.

También los niños, como el pequeño mártir Pancracio, y como el niño Tarsicio, que murió defendiendo el Sacramento, y tantos otros niños, participaron de la fortaleza milagrosa que les fue comunicada por Jesucristo vivo.

Para alcanzar el Reino de Cristo y triunfar en la vida eterna no basta con escuchar simplemente las promesas del Señor; es preciso que El viva realmente dentro de nuestro corazón.

La Historia de la Iglesia es a la vez la Historia de la Misa.

Antiguamente, cuando la Iglesia fue perseguida, los cristianos se reunían en las Catacumbas para celebrar la Misa, y algunas veces se ocultaban en la casa de algún creyente rico, como en los palacios de Santa Bibiana o Santa Prudenciana en Roma, buscando en ellos el lugar adecuado para el místico Banquete y allí preparaban la Mesa como en la última Cena.

Y si no había creyente que pudiera prestar su palacio, también se reunían los cristianos en una cabaña humilde, en una habitacioncita de gente pobre, que acaso no tenía más que un cuarto, en cuyas paredes ennegrecidas estaban colgados los enseres

Pero esto no. importaba. Lo necesario era que hubiese fe. También allí se extendía el mantel sobre una mala mesa, y las personas prontas a morir por Jesús, permanecían con la mirada atenta, con el corazón palpitante, esperando al Señor, vivo, que descendía a la tierra para ellos, y ¡cuántas veces fue aquella para los cristianos su última Cena!, porque al salir les aguardaba la muerte gloriosa de los mártires.

Como todas las cosas que provienen de una gran realidad, la Misa fue perfeccionándose en el curso de los siglos y se convirtió poco a poco en el rito admirable actual.

Hubo un tiempo en que la Misa era más larga que ahora. Cuando los cristianos fueron libres, su alegría de proclamar en alta voz la gloria del Señor y su fervor en honrarle, les retenía durante horas agrupados en forno al gran misterio. Muchas veces en Roma, el Pontífice, con los pies desnudos, tomaba parte en largas procesiones en las que los cristianos entonaban himnos y se recogían después en alguna grande iglesia para celebrar los misterios.

No eran todos admitidos inmediatamente para asistir a la Misa como acaece hoy, porque no todos nacían cristianos, como sucede en nuestros tiempos. El pueblo cristiano se iba formando grande y victorioso en medio de gentes que ya no perseguían, es cierto, pero que aún no eran cristianas, sino paganas o judías.

Por eso se necesitaba una preparación de aquellos que se convertían o aspiraban a ser miembros de la Iglesia. Como niños que van a la escuela, aquellos aspirantes eran amorosamente instruidos en las verdades de la fe, y después, cuando se les consideraba preparados, pasaban al número de los fieles como escolares que han terminado los estudios y superado las pruebas. Entonces recibían el Bautismo.

CATECUMENOS Y FIELES

Los catecúmenos eran admitidos solamente a parte de la Misa donde se leían los libros sagrados y especialmente el Evangelio, y esto representaba una instrucción para todos los cristianos.

Aquella parte era casi un preámbulo o una introducción a la Misa de los misterios, y el pueblo se asociaba a los sacerdotes y a los obispos, cantando himnos y alternando con sus respuestas la recitación de los salmos, y también escuchando la lectura y explicación de los Evangelios.

Esto era muy a propósito para los catecúmenos, que puede decirse iban a una escuela superior.

Pero, cuando comenzaba la verdadera Misa, se les despedía con un "Id, que ya comienza la Misa para los bautizados", ya empieza la celebración de los santos misterios, a la que los iniciados, los que no están bautizados, no pueden asistir.

Y los catecúmenos se retiraban seguidamente. Quedaban solos los fieles, que no iban con las manos vacías. Llevaban sus ofrendas. Eran las cosas que se consagraban o bendecían en la Misa. Pan de harina pura, vino blanco de uva pura, dinero para la iglesia y para el culto, y también muchos donativos para los cristianos pobres.

Todo esto daba lugar a un continuo ir y venir, muchas veces algo rumoroso, porque se recomendaban los pobres que había que socorrer, se leían los nombres de los que deseaban ser recordados en las oraciones, por no poder venir personalmente, y muchos, la mayor parte, cantaban himnos y salmos diversos, según los días: "El Ofertorio".

Finalmente, después comenzaba la verdadera Misa con la ofrenda a Dios de las especies que se habían de consagrar y de los corazones de todos los fieles: tiempo de silencio y de profundo recogimiento.

El rito representa la pasión de Cristo, la ofrenda de Jesús, hecho víctima para salvar a los hombres.

Los cristianos han determinado las palabras y los actos y representan el drama de Jesucristo con escrupulosa fidelidad. En el rito de la Misa todo es sagrado. Está señalado cada movimiento del sacerdote, cada objeto, cada acento, y los fieles pueden seguir la Misa en su significado místico como en cada particularidad. Sin embargo, la intención de los fieles es participar en la Misa; aguardar el descenso de Jesús y comunicar con Cristo vivo.

LA COMUNION DE LOS SANTOS

Es hermoso imaginar el movimiento que reinará en el cielo en torno al milagro de la Misa. Lo que para nosotros es un misterio, para los espíritus puros es claro: primeramente, para María

Santísima y después para los Ángeles y los Santos del Paraíso.

Ellos comprenden aquel amor infinito que de continuo conduce a Jesús a nosotros, y los Ángeles, radiantes de gozo, constituyen su corona y escolta. Innumerables Querubines, que son los niños angélicos del cielo, contemplan a los niños que asiste a la Misa y repiten: "Benditos vosotros. Benditos vosotros. "

Después, los Santos, y principalmente los mártires, que derramaron su sangre como Jesús, tienden su alma hacia el altar para festejarnos y ayudarnos ofrecen a nuestras almas todos sus méritos y nos los comunican. Sí, los méritos que ellos ganaron cuando vivían sobre la tierra nos valen como méritos nuestros. Precioso don espiritual que Dios permite y que se llama: La Comunión de los Santos.

No lo olvidaremos.

Es conocido su deseo de auxiliarnos, y cuando sintamos más nuestra poquedad y la necesidad de la divina Misericordia, invocaremos a nuestros santos y venerados. Patronos.

"Ruego a la bienaventurada siempre Virgen María, al bienaventurado San Miguel Arcángel, a los santos apóstoles San Pedro y San Pablo y a todos los Santos, que rueguen por mí a Dios nuestro Señor."

EL TAÑIDO DE LAS CAMPANAS

¡Horas bellas, horas santas las de la mañana, cuando desde que sale el sol comienzan aquí y allá a oírse las campanas, anunciando la santa Misa e invitando a los fieles a levantarse pronto, pronto del lecho para ir encontrar a Jesús!

Aquellas campanas, dicen:

"Pensad en Abrahán que, llamado por Dios mientras dormía, salió sin comer siquiera y obedeció sacrificando a su único hijo. Y vosotros no tenéis que sacrificar nada... Más bien, vais a recibir una gracia infinita. "

"Venid, pues."

¡Horas bellas, horas santas las de la mañana, cuando en todas partes se celebra la Misa!

La atmósfera espiritual

La mañana. Porque desde media noche en adelante, deben estar en ayunas los que, sacerdotes o fieles, reciben a Jesús en la Comunión.

El sol, cuando apenas surge, nos indica que el Pan de los Ángeles está dispuesto para nosotros, y la oración, enseñada por Jesús mismo, se ha convertido en nuestros labios en la invocación acostumbrada: "El pan nuestro de cada día dánosle hoy."

Conviene tener en cuenta que la tierra es redonda el sol jamás la abandona. Cuando para nosotros es mediodía, en la parte opuesta de la tierra es media noche, y todos duermen allí profundamente. Pero, poco a poco, también allí se hace de día, y mientras para nosotros llegan las horas de la tarde, allí sale el sol, y aquellas campanas lejanas comienzan a sonar en las iglesias, llamando a los fieles del extremo opuesto del mundo

Fijándose bien en la geografía es fácil de comprobar que en todas las horas del día es la mañana en algún lugar de la tierra, y se puede llegar a conocer cuáles son los países en donde, en cada una de las veinticuatro horas, los cristianos están esperando a Jesús.

El Señor "no cesa jamás de venir".

La tierra, pues, está rodeada continuamente de Espíritus angélicos y Santos; de la corte celestial. Y la atmósfera espiritual, de inmensa bondad, que rodea constantemente toda la tierra, ayuda al alma de los hombres para vivir, como la atmósfera material del aire ayuda a hacer vivir sus cuerpos.

El llamamiento

Cada uno puede hacer su meditacioncita todas las mañanas.

¿Jesús vino verdaderamente por mí? ¿Precisamente por mí?

¿Jesús vino verdaderamente por mí? ¿Precisamente por mí?

Sí, ciertamente. Él te ha llamado.

Todos lo han oído.

Nos llamaba a todos. Jesús, con los brazos abiertos, decía:

"¡Venid todos a Mí!"

"Dejad que los niños vengan a Mí."

"Venid a Mí los que os sentís fatigados y Yo os daré fuerzas."

"Venid los afligidos y os consolaré. "

"La Paz está en Mí."

LA MESA PREPARADA

El altar representa una mesa que recuerda la última Cena. Pero, la palabra "altar" no significa mesa sino "cosa alta", *alta res*. Lo que realmente distingue el altar por su uso práctico, es que tiene un plano elevado sobre el suelo.

La forma más corriente es la de un tablero con el plano rectangular alargado, sostenido por cuatro columnitas que representan los pies de la mesa. Pero también en tiempos pasados se usó como altar una mesa de piedra, sostenida por una sola columnita central, como las mesas de jardín.

Otra forma, también usada, es la de sarcófago, porque pudiendo utilizarse cualquier plano elevado para celebrar la Misa, los primitivos cristianos usaban en las catacumbas el sepulcro de los mártires. Todavía se conserva en muchas iglesias semejante costumbre, poniendo como altar un sarcófago de piedra o de mármoles preciosos, que encierra el cuerpo de un Santo.

El plano del altar debería ser una losa de piedra que lleva cinco cruces, una en el centro y cuatro en los ángulos para representar las cinco llagas de Cristo. Sin embargo, cuando se carece de un verdadero altar, como sucede en las Misiones, en las Misas al aire libre, o en las que se celebran en casas particulares, para dar valor de altar a cualquier plano elevado, aunque sea un mueble común, basta una pequeña piedra especial, que se llama "ara sagrada".

El ara sagrada es una loseta cuadrada del tamaño aproximado de un ladrillo, que contiene en su centro las reliquias de algunos Santos, por lo menos uno de ellos mártir, y una pequeña cruz en el centro, que indica el lugar preciso en que se hallan las reliquias. Esta piedra está consagrada por el obispo, y en muchísimas de estas piedras o aras hay la reliquia de alguno de los innumerables mártires de Roma.

Roma es el jardín de los mártires, y allí, en el Coliseo, en las Catacumbas y en las antiguas iglesias que provienen de palacios de patricios convertidos, donde los muertos por la fe eran conservados con veneración, se pueden encontrar reliquias de mártires como se encuentran hierbas en un prado. Esto nos recuerda la gran cantidad de héroes que han caído en el combate sangriento del Cristianismo para conquistar el imperio de la paz en todo el mundo. Estos dieron su sangre sin derramar la de sus hermanos, pues se dejaron matar perdonando a sus enemigos y prometiéndoles el Reino de los cielos.

El mártir, este soldado admirable del Cristianismo, es colocado allí, sobre el altar, como un centinela a la puerta del Rey Eterno y vigila por los siglos de los siglos.

Es sobre el ara sagrada o, mejor dicho, en correspondencia sobre ella, donde se apoyan durante el sacrificio de la Misa el vino y el pan, en los cuales Jesús retorna a nosotros siempre vivo, y allí se o también las sagradas Especies después de la elevación.

Apenas subidas las gradas del altar, el sacerdote deposita sobre el ara sagrada un beso, para saludar al venerable centinela: "Por los méritos de tus Santos, cuyas reliquias están aquí, dígnate perdonarme, ¡oh, Señor!"

LAS GRADAS DEL ALTAR

La Mesa sagrada no está apoyada en el suelo sino un poco más alto y para alcanzar el plano sobre el cual está colocado el altar hay gradas.

Generalmente estos escalones son tres y se consideran como símbolo de las tres virtudes teologales necesarias para llegar a Dios: Fe, Esperanza y Caridad.

Las gradas forman parte del mismo altar, porque la Misa comienza al pie de esta escala.

Muchas veces en las grandes iglesias o en las basílicas, se ven altares colocados a gran altura gran altura y hay que subir muchos escalones o ascender una serie de planos elevados uno sobre otro, para llegar el altar mayor. accesorios d Todas aquellas gradas son honor, pero no pertenecen al altar mismo, que aun cuando esté en lugar muy elevado suele tener los tres escalones ante los cuales se detiene el celebrante de la Misa.

LOS MANTELES RITUALES

El altar se prepara con verdaderos manteles de lino blanco. Hubo un tiempo en que se ponían manteles tan largos que llegaban hasta el suelo en pliegues abundantes.

Hoy, en cambio, los manteles del altar se colocan del modo siguiente: dos pequeños cubren solamente el plano del altar y otro mucho más largo y ancho cae a los lados derecho e izquierdo. Este último es el verdadero mantel del altar y se adorna con bordados y puntillas blancas, que algunas veces son verdaderas maravillas de arte y de paciencia.

LOS TRES OBJETOS RITUALES

Sobre cada altar deben hallarse tres objetos; un crucifijo que se pone detrás, en el centro, y a ambos lados dos velas de cera pura de abejas. El crucifijo del altar tiene un pie para apoyarse y las velas están sostenidas por candeleros.

Aun cuando sean muy sencillos, estos objetos son suficientes. El crucifijo es un piadoso recuerdo siempre presente, de que Jesús fue preso y muerto sobre la Cruz en seguida después de la última Cena. Las velas de cera pura, que se encienden y arden durante toda la Misa, son para recordarnos que la pasión de Jesucristo tuvo lugar para iluminar a los hombres con una luz de amor, de perdón y de paz.

Dichos objetos pueden ser de grande riqueza como homenaje de amor a Jesús.

ACCESORIOS DE AMOR

Sobre el altar se ven otros muchos objetos como un gran número de velas, lámparas, estandartes, estatuitas de oro y plata, vasos que contienen frescas y bellísimas flores, etc. Pero, todo esto, son cosas accesorias, aunque no superfluas, porque jamás son superfluos los homenajes de amor a Jesús. Pero no deben de estar en el altar mientras se celebra el santo Sacrificio.

Es preciso, sin embargo, distinguir los "objetos de ritual", establecidos como indispensables, de los accesorios, que pueden ser variados y en cantidad limitada y que, aun en el supuesto de que faltasen en absoluto, no harían perder nada de cuanto es esencial al rito, y hasta es más conforme con los preceptos litúrgicos el que sólo estén en el altar durante la celebración de la Misa aquellos objetos que las rúbricas determinan.

Así es, pues, el altar en su estado acostumbrado o de reposo, esto es, cuando no se está celebrando la Misa en él.

PREPARATIVOS PARA LA MISA

Veamos lo que es preciso para preparar el altar y disponerlo para la celebración de la Misa. Lo que es necesario hasta lo podría hacer un niño y, en efecto, muchas veces son los niños los que preparan y ayudan la Misa.

La luz

Cuando la Misa está a punto de comenzar, se encienden las velas por medio de una cerilla sujeta al extremo de una caña larga. La caña lleva generalmente una pequeña caperuza que sirve para apagar las luces cuando ha concluido la Misa.

El Libro

A la izquierda del altar, o sea, a la derecha de quien mira, se coloca un atril, o sino un cojín, sobre el cual coloca un gran libro "el Misal". El mismo niño puede trasladar y colocar el libro santo. El Misal se coloca cerrado sobre la mitad izquierda del atril, a fin de que cuando el sacerdote lo abra se apoye completamente y con simetría.

El Agua y el Vino

Hay que preparar otras cosas inmediatamente antes de que

comience la Misa: son el agua y el vino. Ambas cosas se llevan en vinajeras de cristal, limpias, lucientes y bien secas en su parte exterior. Las dos vinajeras se colocan a la vista en algún mueble junto al altar, siempre al lado izquierdo de éste, bien sea sobre el estante de un pequeño aparador, o también sobre una mesita adosada a la pared.

La Toalla

Junto a las vinajeras se coloca una pequeña toalla blanca, bien planchada y doblada. Sirve al sacerdote para secarse las manos, y el que ayuda a Misa debe tenerla sobre el brazo y alargarla al oficiante. Esta toalla se llama "Lavado" o "Paño del lavabo".

La Campanilla

Finalmente citaremos un último objeto necesario, la campanilla, que debe estar a la vista y al alcance de la mano de quien ayuda a Misa.

Los Accesorios

Si hay flores, es este el momento de prepararlas cuidadosamente para adornar y perfumar la sagrada Mesa.

Así, el acólito o el niño que ayuda a Misa ha hecho todo cuanto es necesario para tener dispuesto el altar para cuando llegue el sacerdote oficiante.

Los objetos sagrados

Los objetos que sirven para la celebración de la Misa son tan sagrados que sólo determinadas personas pueden tocarlos.

Están en contacto directo con el cuerpo y la sangre de Jesús, y ninguna mano que no esté autorizada o consagrada para el sacerdocio puede osar acercarse a ellos.

Es indispensable, pues, que el mismo celebrante los lleve, a no ser que no le ayuden otros sacerdotes o ministros sagrados, porque en tal caso, éstos pueden tocar y, por lo tanto, llevar los objetos sagrados.

Pero, generalmente, el mismo que va a decir la Misa vestido con los hábitos sacerdotales, lleva en sus manos el misterioso envoltorio, del cual sólo aparece la cubierta exterior. Tal cubierta casi siempre es de seda y tiene el mismo color que la vestidura del sacerdote. Y esto, no por armonía estética sino porque no sólo los objetos, sino también los colores están determinados por el rito, según los días del año. (Los colores litúrgicos)

El sacerdote, primeramente, va a colocar el envoltorio en el altar y lo coloca cuidadosamente, ajustando bien los pliegues del pequeño manto, casi con unción, para que todo sea perfecto. Y el lugar preciso en que lo coloca allí, es sobre el lugar en que está el ara sagrada.

Colocado el envoltorio, el sacerdote se aproxima al libro y lo abre por la página que corresponde al oficio del día.

La Misa no ha comenzado, lo que está haciendo el sacerdote es la última preparación y nada más. En efecto, prepara lo que se refiere a los ornamentos sagrados y abre el libro por la palabra de Dios.

Hecho esto, desciende.

La Misa se inicia sólo al pie de las gradas.

El Envoltorio del Sacerdote

Veamos lo que contiene y de qué está compuesto el envoltorio que el Sacerdote ha depositado sobre el altar.

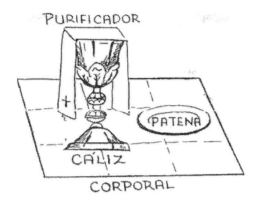

Encima de todo está apoyado un objeto cuadrado y duro; una especie de bolsa plana, cubierta de seda de color y, generalmente, adornada con una cruz.

Se trata, en efecto, de una verdadera bolsa.

Dentro de ella, bien plegado, está colocado un paño de blanco lino, planchado en forma que quede perfectamente liso y resistente. Está plegado tres veces en cada parte, por lo que al extenderlo muestra nueve cuadrados.

Este pañito es los "Corporales" y suyo es alcanzar el honor de estar en contacto con el Cuerpo de Cristo, porque el sacerdote apoyará directamente sobre él la Hostia consagrada.

Sobre el "Corporal" extendido se apoya también cáliz, y si cayese una gota de la sangre de Cristo, la recogerían los corporales.

Los corporales, pues, son uno de los objetos más sagrados. Nadie, sino el sacerdote o alguno de los sagrados ministros, diácono y subdiácono, puede lavarlos, y el agua que se utilizó para ello se arroja sobre un gran fuego purificador, o en algún sitio en donde no se profane. Solamente después de este primer lavado pueden tocarlo las personas no consagradas, para completar aquél y plancharlo en la forma dicha.

Hoy se usa como corporales un pañito liso; pero antiguamente se ponía un cuidado extremado en coser y bordar finamente aquel pañito destinado a tal privilegio. Se conserva y transporta en la bolsa, que también puede estar adornada, porque representa la envoltura de un objeto sagrado.

Quitemos ahora el manto de seda que cubre lo que está debajo de la bolsa. Aquel pequeño manto, aunque de tela gruesa-las más de las veces está hecho de brocado de seda-se llama "Velo", o "Cubrecáliz", y es de forma cuadrada, llevando como ornamento una cruz en el centro.

Ya tenemos al descubierto los objetos que cubría.

Son un cáliz y un plato, los antiguos vasos de la Cena de Cristo, convertidos ahora en vasos sagrados de la Mesa eucarística.

Dentro del plato, que se llama "Patena", se encuentra una hostia blanca, grande, que deberá ser consagrada durante la Misa.

El cáliz, en cambio, está vacío.

Cáliz y patena son de metal precioso, hasta en las iglesias más humildes. Aun cuando sean lisos y sencillos, no pueden ser sino de plata u oro, o dorados.

Pero es raro encontrarlos sencillos y lisos. El afecto y la devoción llevan a colocar sobre los vasos sagrados, adornos y piedras preciosas, que los convierten en ricas joyas. Se prodigaron en estos dos vasos el finísimo cincelado, las gemas más bellas y raras, en la historia de la Cristiandad.

El modo como están dispuestos bajo el velo es el siguiente: El cáliz descansa sobre el plano del altar y encima está colocado un paño de lino blanco, que cae sobre los lados. Sobre éste se apoya la patena, que contiene la hostia, y encima, como cubierta, está un trozo de lino redondo y grande, poco más o menos como la patena.

El paño que está sobre el cáliz se llama "Purificador", y casi forma parte de él, porque sirve para limpiar su interior y recoger, consiguientemente, los últimos restos del vino consagrado, por lo cual es igualmente un objeto sagrado e intangible para los que no son ministros del culto.

El cáliz, en el cual bebe el sacerdote el vino consagrado,

ordinariamente no se lava. El modo de limpiarlo consiste en frotarlo repetidamente con el purificador, lo que lleva a cabo el sacerdote que ha celebrado la Misa, o el ministro que asistió a ella como subdiácono, antes de volver a colocar los objetos sagrados en el envoltorio.

Finalmente, hay que hacer notar el pañito redondo que, rígido por el almidón, se utiliza como cubierta. Primeramente, cubre la patena bajo el velo y luego lo utiliza el sacerdote durante la Misa para cubrir el cáliz. Este pequeño lienzo, plano y del espesor de una tela de lino, se llama "Hijuela" o "Palia".

Las especies purísimas

Se llaman "Especies" las materias destinadas a convertirse en el Cuerpo y en la Sangre de Cristo; esto es, el "pan" y el "vino" de la Mesa eucarística. Un sentimiento de devoción ha impulsado a los cristianos a preparar estas materias con cuidados especiales y a distinguirlas de aquellas que sirven para la alimentación material de los hombres. La primera preocupación fue la de prepararlas escrupulosamente con substancias purísimas. Esto sucedió desde los tiempos más antiguos, cuando se colocaba sobre el altar un verdadero pan, grande, como los de uso corriente, pero que llevaba en la parte superior una cruz dibujada o la figura de un pez, que para los primeros cristianos iniciados representaba a Cristo. La confección de los panes eucarísticos era de trigo puro, sin mezcla alguna, convertido en harina y amasado con agua pura; luego se cocía al fuego.

Después, en vez del pan se utilizaron las hostias que están confeccionadas con iguales substancias y señaladas con dibujos diferentes, que representan símbolos sagrados. La hostia que sirve para el sacerdote es mucho más grande y está adornada con dichas figuras, en cambio, las hostias o "partículas" (partes pequeñas) que sirven para la Comunión de los fieles son mucho más pequeñas y frecuentemente carecen de señales distintivas.

El vino está hecho de uva pura, de uva blanca de vid, sin mezcla alguna. Solamente en el cáliz añade el sacerdote un poco de agua al vino puro, porque así lo hizo Jesús en la santa Cena. Y este hecho recuerda otro incidente de la pasión, es decir, la herida en el costado, de donde manó sangre y agua.

He aquí, pues, cómo cosas tan corrientes cual es el trigo y la uva asumen una importancia extraordinaria para nosotros los cristianos. Se convierten en un manjar misterioso, del cual solamente nosotros, los iniciados, podemos comprender la esencia. Al igual que nuestra alma permanece sobre la tierra en medio de la carne de nuestro cuerpo, la divinidad permanece entre nosotros bajo las especies provenientes del trigo y de la uva.

Bajo aquellas formas humildes, después de la consagración, está oculta la "Deidad latente".

¡Cuánta devoción debe inspirar a los cristianos el cultivo de las plantas destinadas a tan alto menester! Hasta las zonas de terreno que las alimentan tienen para nosotros algo de sagrado que las distingue. Los campos de trigo y las viñas destinadas a proporcionar las especies eucarísticas no se pueden confundir con los vastos trigales y las viñas verdeantes sobre grandes espacios de terreno, que el hombre trabaja con el sudor de su frente.

Aquellas son, casi "partículas" de terreno, pequeñas, porque poco es el trigo y pequeña la viña, que son suficientes para dar la substancia de la Eucaristía.

Es por esto por lo que se pensó hace pocos años ceder a los niños el cultivo de estas tierras. Así se hizo en una escuela de Barcelona' y se delimitaron dos campos, uno junto a otro, el uno para el trigo y el otro para viña. Estos campos estaban circundados de plantas de jardín, que podían dar flores propias de la estación y muchísimos rosales.

Después, la siega del trigo y la vendimia de la uva eran grandes fiestas campestres, acompañadas de bellísimas ceremonias. (Véase los Niños vivientes en la Iglesia.)

La idea de que sean los niños quienes cultivan los campos

eucarísticos y participen en la confección de las hostias y del vino, no es sino el episodio más reciente de semejantes aspiraciones devotas que animaron a los cristianos desde la más remota antigüedad.

Eran entonces los personajes más ilustres y poderosos, reinas y príncipes, quienes reservaban para sí semejante honor.

"He visto con mis propios ojos a Cándida, la mujer de Trajano, general en jefe de los ejércitos de Valerio, pasar toda la noche moliendo el trigo y haciendo con sus propias manos el pan de la población..."

La santa reina Radegunda, durante toda la cuaresma hacía el pan eucarístico y lo cocía.

Hacia el siglo XI, un cardenal recomendaba a los diáconos elegidos para confeccionar el pan del altar, que durante semejante labor se revistieran con las vestiduras sagradas y cantasen salmos.

Se dice que en algunos lugares de Francia existía la costumbre de escoger el trigo grano por grano, y la persona más buena lo llevaba al molino, la cual, para dicho acto, se vestía de blanco como para una ceremonia solemne.

También se cuenta en historias antiguas la veneración hacia las zonas de terreno. Algunas personas dejaban legados de pequeños terrenos que tenían en gran estima, para que se dedicasen al cultivo del trigo que da ría la hostia pura, la hostia santa, la hostia-inmaculada. La fe es quien hace obrar así, porque quien posee la fe, revela en todos sus actos su delicadeza de amor.

La cooperación

He aquí, pues, que la tierra da alimento al trigo y a la vid.

El trigo y la vid, al crecer, preparan la substancia material de las sagradas Especies.

El hombre cristiano obtiene del trigo el pan eucarístico y de los racimos de uva extrae el vino blanco de vid.

Sin embargo, quien ofrece las Especies con manos puras y sagradas y, volviendo la mirada al Cielo, tiene poder para pronunciar las palabras ordenadas por Jesús para que El descienda entre nosotros, según su promesa, es uno solo: el Sacerdote.

Él es el mediador entre Dios y los hombres; el instrumento que pone en contacto la tierra con el Cielo. Existen, por lo tanto, no solamente los objetos sagrados, sino también las personas sagradas.

Aun cuando su labor sea pequeña, casi como la de la mano que oprime el botón durante la noche y con ello ilumina la sala con luz brillante, es él solo quien puede realizarla. Es a él solo a quien debemos el toque definitivo que nos permite comunicar con Dios.

Es él quien puede decir: "Escúchame, Dios omnipotente, a fin de que cuanto hay que hacer por medio de nuestro humilde ministerio, se realice por la eficacia de tu virtud."

Son sus manos únicamente las que pueden tocar las Especies consagradas y transmitirlas a nosotros como alimento espiritual instituido por Jesús.

"Mi carne verdaderamente es comida, y mi sangre es verdaderamente bebida. Quien come mi carne bebe mi sangre y en Mí mora y Yo en él."

El hombre elegido

"He aquí el Sacerdote que agradó a Dios y que fue contado en el número de sus elegidos."

Miremos con veneración al Sacerdote, amémosle con gratitud, no le olvidemos jamás en nuestras oraciones, porque él sacrificó su vida por nosotros.

Ciertamente, también él fue niño, y quién sabe cuántas veces jugó sin preocupaciones, pero, un gran amor a Jesús llenaba su corazón.

Sin duda, este Sacerdote "fue llamado" un día. Entonces, no era Sacerdote y acaso ni siquiera sabía que llegaría a serlo.

Pero, sintiéndose llamado, contestó como Jesús al Padre Eterno: "Hágase tu voluntad."

Aunque sólo fuese por este llamamiento debe sernos venerable. Pero, él ha correspondido y en su corazón se han desarrollado grandes virtudes. Aceptó permanecer fiel hasta el final, y fue Sacerdote para siempre.

Es con él con quien Jesús, por medio de su esposa Iglesia, cierra el pacto divino:

"Cuando en la sagrada Mesa, repitas las palabras que Yo dije a los Apóstoles, consagrando y ofreciendo el pan y el vino... Yo vendré."

Contempladlo bien, porque es la personificación de la obediencia. No pronunciará una sola palabra diversa de la que le fue prescrita; los movimientos que haga le han sido ordenados. La forma de sus vestiduras y sus colores están determinados.

El, puede muy bien decir: "No soy yo quien existe; es la Iglesia que represento."

Las Vestiduras sacerdotales

El Sacerdote que se prepara para decir la Misa se viste según las prescripciones del rito.

Como un gran dignatario de corte, que debe presentarse al Rey, se viste según lo prescribe la rigurosa etiqueta.

Sean ricas o sencillas, las vestiduras sacerdotales, sin embargo, son siempre decorosas. Y las piezas de las vestiduras son siempre las mismas, porque el rito las determina.

También aquí, como en todo lo que a la Misa se refiere, hay que distinguir la necesidad de las cosas indispensables, de los ornamentos accesorios, que se pueden agregar.

Nadie tiene tanta razón para vestirse ricamente como el Sacerdote que celebra la Misa; y, en efecto, las vestiduras sacerdotales han sido contadas con las telas de mayor magnificencia, con damascos de seda y oro, recubiertas de bordados, de pinturas y de piedras preciosas. Los encajes de belleza la más extraordinaria fueron ejecutados por manos amorosas que trabajaron en el silencio de los claustros para revestir al Sacerdote de Dios.

Pero, lo que ahora interesa conocer son las piezas del vestuario. Se trata de un revestimiento del hombre ya vestido. El cura y el monaguillo no se despojan de sus trajes corrientes; continúan con ellos. Pero, en el momento de la Misa este cura y este monaguillo se recubren de una dignidad añadida a la que ya poseen y sobreponen a sus trajes las vestiduras que representan dicha dignidad.

Es decir, se distingue el hombre del Sacerdote. Bajo el Sacerdote magnífico está el hombre, el humilde siervo de Dios. Y este hombre está tan convencido del oficio divino para el que se prepara que, revistiéndose, se reconcentra y reza. A cada objeto que pone sobre sí, reza una oración especial, y se reviste lentamente, con devoción.

"Da, Señor, virtud a mis manos para limpiar toda mancha, a fin de que, todo limpio de espíritu y de cuerpo, pueda servirte."

"Impón, oh Señor, en mi cabeza el casco de salvación, para defenderme de los asaltos diabólicos."

"Dame blancura, oh Señor, y límpiame, para que, lavado con la sangre del Cordero, disfrute de los goces sempiternos.'

"Cíñeme, Señor, con el cíngulo de la pureza y apaga en mí el fuego de la concupiscencia, para que permanezca en mí la virtud de la continencia y castidad."

"Señor, merezca yo llevar el manípulo del llanto y del dolor, para recibir después con alegría el premio de mi trabajo."

"Devuélveme, oh Señor, la estola de la inmortalidad."

"Señor, Tú que dijiste: Mi yugo es suave y mi carga ligera, haz que yo pueda llevar éste de tal modo que consiga tu gracia."

Las vestiduras que se pone el Sacerdote para la Misa recuerdan por su forma los trajes que en los tiempos antiguos eran comunes también a los seglares. Solamente que como aquellas no han variado y los vestidos seglares han cambiado continuamente, siguiendo las modas, las vestiduras sacerdotales se han convertido en algo profundamente distinto y por lo mismo característico del Sacerdote.

Además, por la dignidad de su empleo, fueron adquiriendo poco a poco un significado simbólico, como si fueran armaduras de defensa. El Sacerdote representa el soldado de Cristo que se arma y muere en el combate para vencer el mal con el bien y hacer triunfar en el mundo el Reino de Cristo. Forman parte del traje sacerdotal la ropa blanca, y las vestiduras exteriores. Las piezas blancas son:

1. "El Amito". Un paño blanco que, antiguamente y hoy también, en algunos casos, servía para cubrir la cabeza, pero que de ordinario se pone en torno del cuello y sobre los hombros y se llama amito. Esta palabra, que se deriva del latín, tiene el significado de cubierta; es una especie de capucha. Su significado místico es el de "yelmo de la salud" como aquellos yelmos de hierro con los que los guerreros antiguos protegían su cabeza.

2. "El Alba". Es una vestidura blanca muy amplia, que cubre toda la persona hasta los pies y tiene mangas anchas que llegan hasta las manos. Es la vestidura sacerdotal, por excelencia, toda blanca y de lino, representa "la inocencia" que envuelve el alma del cristiano por los méritos de Cristo.

3. "El Cíngulo". Es un cordón largo, blanco, o del color litúrgico del día, atado a la cintura, que sirve para mantener recogida la amplia vestidura. Es el símbolo de la "castidad".

ALBA   CÍNGULO   ESTOLA   CASULLA   CAPA

Los objetos que no forman parte de la ropa blanca todos están confeccionados por el mismo estilo, y son:

1. "El Manipulo". Una tira que se pone en torno del brazo izquierdo, y significa "el celo ardiente" del Sacerdote.

2. "La Estola". Es otra tira semejante y más larga que se pone cruzada sobre el pecho o pendiente de los lados. El obispo la lleva siempre pendiente. La estola tiene el significado de "la inmortalidad".

3. "La Casulla". Gran manto que en el antiguo rito caía en pliegues majestuosos y que lentamente fue reduciéndose hasta convertirse en la vestidura rígida que hoy vemos. Esta vestidura significa "el yugo de Jesús" yugo suave de su ley de amor, pero que está marcado con la necesidad de sacrificio: la cruz.

Los colores litúrgicos

Los colores de la casulla (y por lo mismo de todos los objetos de paño con que se reviste el Sacerdote o que usa para el rito de la Misa) están prescritos por la Iglesia según los tiempos del año y se llaman "Colores litúrgicos".

Según los períodos festivos o según el santo del día a quien se dedica la Misa, así han de ser los colores. Estos son:

El encarnado, color de los mártires; el blanco, color de las vírgenes. También el encarnado es el color de Pentecostés, y el blanco, color de Navidad. Cuando los tiempos recuerdan tristeza o indican la penitencia, como en la Cuaresma o Semana Santa, el color es morado. El negro, si se celebra una Misa en sufragio de los difuntos. Si no hay que evocar ningún especial acontecimiento, entonces se usa el color verde. Hay también el color rosa, que se usa en algunas iglesias el tercer domingo de Adviento y el cuarto de Cuaresma, y el color azul para las fiestas de la Purísima Concepción, que se concedió como privilegio a España y a la Orden Franciscana. Fuera de éstos no se admiten otros colores litúrgicos. Sin embargo, se toleran las vestiduras tejidas en oro, y pueden servir para los colores blanco, encarnado y verde, y las tejidas en plata, que pueden servir para blanco.

Estas son las vestiduras del Sacerdote que celebra la Misa.

Cuando se da la bendición, como sucede tantas veces después de una Misa solemne, vemos que el Sacerdote aun coloca sobre las prendas descritas otros mantos, con frecuencia magníficos, como los que usan los reyes sobre el trono.

Pero estos mantos no son por el Sacerdote oficiante, son verdaderos mantos regios que viste Cristo reinante en el Sacramento.

El Sacerdote, hecho pequeñuelo y casi oculto dentro de aquellos ornamentos, es solamente su punto de apoyo; el Rey está allí, en aquella Hostia que se vuelve al pueblo de los fieles, y el Sacerdote se hace intérprete de Dios, diciendo a todos:

"Os bendice Dios omnipotente,

el Padre, el Hijo y el Espíritu Santo."

LA MISA DE LOS CATECÚMENOS

EL TEATRO DIVINO

L a Misa es un misterio, porque no podemos comprender la bondad infinita manifiesta en ella por Dios con el gran milagro de la transustanciación. Sin embargo, no es un secreto. Todos, hasta humildes y pequeños niños pueden escuchar y leer cada palabra y ver cada acto.

El modo determinado por la Iglesia para celebrar la Misa es una representación admirable, como en un teatro del Cielo.

Esta proviene de la vida expresiva de los cristianos llenos de fe que, recordando la vida del Salvador y llenos de deseo de Dios, reuniéndose, oraban, cantaban, actuaban, recogiendo las palabras más hermosas y los actos más nobles que su devoción sincera podía inspirarles. De aquí se derivó la acción representativa de la Misa, determinada en partes consecutivas y ligadas entre, sí como si fueran los actos y las escenas de un gran drama; el drama de la Redención.

No es solamente el Sacerdote quien actúa, la Misa es, por excelencia, la acción de la Cristiandad, de la "Iglesia". La Iglesia no está constituida solamente por los Sacerdotes, sino por todo el pueblo cristiano, y así es la Misa.

Los fieles no son espectadores, sino actores en este crama. Cuando el Sacerdote habla, el pueblo le contesta; cuando ora, el pueblo se ure c él. Los sentimientos de amor, de expectación, de gratitud, que expresa el oficiante en el altar, encuentran en el pueblo la resonancia de los corazones. Todos constituyen un conjunto único, una sola voz que se dirige al Cielo.

Divisiones de la Misa

Toda la Misa se divide en dos partes: La Misa de los Catecúmenos a Misa instructiva, y la Misa de los Fieles, o Misa de los Sacramentos o Misterios.

La primera parte ofrece como punto dominante "la lectura del Evangelio", esto es, la palabra de Dios, y en los domingos el Sacerdote agrega un sermón propio en que explica el Evangelio y de este modo instruye al pueblo.

Ella nos recuerda a Jesús vivo, desde que nació como ero riño, y represento, en su punto culminante, a Cristo que predica a la multitud en Palestina.

Lo segunda parte tiene su punto culminante en la Consagración de las Especies y en la Comunión de la Hostia y el Cáliz, que son el Cuerpo y la Sangre de Jesús. Recuerda la Pasión de Cristo y el gran sacrificio que Dios hizo para salvar a los hombres.

Así, la Misa recuerdo toda la vida de Jesucristo.

En efecto, Cristo, antes de ofrecerse en holocausto sobre la Cruz, instruyó a los hombres, enseñándoles con su del Padre celestial.

La parte principal de la Misa es la segunda, porque en el sacrificio realizado por Jesús estriba la redención de todos los hombres.

Esta se divide a su vez en tres partes, una es "la Ofrenda" de las especies que se han de consagrar, y al propio tiempo la ofrenda de los corazones al Señor.

La segundo es "la Consagración", en la cual Dios desciende sensiblemente verdadera, real y substancialmente en las substancias ofrecidas.

La tercera es "la Comunión", donde los hombres, por medio de esta se unen a Dios.

Los Objetos característicos

Los objetos relativos a las dos partes de la Misa son: En la Misa de los Catecúmenos, "el Libro". En la Misa de los Fieles "la Hostia y el Cáliz".

A esto puede añadirse a la Misa de los Catecúmenos el "Púlpito" de la predicación, donde el orador es visible y su voz resonante.

En cambio, en la Misa de los Fieles casi todo es silencioso y oculto. El espíritu recogido aguarda y encuentra el Dios latente en las substancias consagradas.

Si en la Misa de los Fieles se añade algún objeto característico, es para guardar las Especies consagradas sobrantes, es decir, las partículas que sirven para la Comunión de los fieles, las cuales, aunque consagradas durante la Misa juntamente con la hostia del Sacerdote, se conservan en "el Copón", vaso cerrado herméticamente con una cubierta y revestido con un pequeño monto. El Copón, -vaso donde se conserva el alimento espiritual se guarda después en el Sagrario, cuya puertecilla está cerrada con llave.

COPÓN

Ahí, perpetuamente presente, habita el Santísimo. El púlpito abierto, desde donde pueden resonar las palabras de los hombres, y el Sagrario cerrado, donde se conserva el cuerpo de Cristo, son los objetos de la iglesia que testifican las dos partes diferentes de la Misa que se celebró en todo país católico.

La Misa de los Catecúmenos

Cuando el Sacerdote comienza realmente a celebrar la Misa se para de pie junto a las tres gradas, con la cara vuelta hacia el altar.

El niño o acólito que le ayuda está de rodillas, a la izquierda del Sacerdote y, por lo tanto, a la derecha del altar.

Entonces, los dos y juntamente con ellos todos los que participan de la Misa, se signan.

La Señal de la Cruz.

Recordemos lo que significaba en un principio la Señal de la Cruz.

Era el acto mediante el cual un afiliado al Cristianismo se hacía reconocer por sus hermanos en la fe; la señal del adepto a una sociedad religiosa y perseguida cuando el solo hecho de pertenecer a ella podía ser castigado con una muerte cruel en el mundo entonces imperante. El santo y seña, la palabra que servía para el mutuo reconocimiento la pronunciaba cada uno secretamente, como acto de fe en Dios Trino y Uno: "En el nombre del Padre, y del Hijo y del Espíritu Santo." Y hacía una señal con la mano derecha que, yendo primero de arriba abajo y después de izquierda a derecha, indicaba la Cruz, la bandera cristiana, que representa el sacrificio de Cristo, la segunda persona de la Santísima Trinidad.

Hace casi dos mil años que los cristianos repiten esta señal triunfante, y al hacerla debemos sentirnos invadidos de su sagrada dignidad.

Así comienza la Misa, y este acto grande une y junta a todos al pie del altar, desde el Sacerdote oficiante hasta el más alejado de los fieles presentes.

En el Nombre del Padrey del Hijo y del Espíritu Santo.

La Misa comienza y continúa como un homenaje y una ofrenda a la Santísima Trinidad.

La Cancela cerrada.

Apenas hecha la señal de la Cruz, el Sacerdote comienza a hablar con el acólito, que le contesta, y se oyen alternar sus voces durante algún tiempo.

Parece que van a subir las gradas de un momento a otro, porque el sacerdote repite: "Entraré en el Altar; iré al Altar de Dios."

Y, sin embargo, no se mueve.

Están recitando en voz baja algunos versículos de un salmo bellísimo, el salmo 42, y alternan diciendo un versículo cada uno; por eso, a quien escucha le parece asistir a un diálogo.

"Me aproximaré al altar de Dios."

Para comprender el sentido de este salmo, imaginémonos antes una escena. Supongamos un niño que desea aproximarse al altar para hacer una ofrenda; lleva en una cestilla de mimbres trigo y un racimo de uvas. Va contento y un poco despreocupado. Pero encuentra una cancela cerrada, que le impide el paso. Y entonces oye una voz divina que le dice:

"Si al tiempo de presentar tu ofrenda en el altar allí te acuerdas de que tu hermano tiene alguna queja contra ti, deja allí mismo tu ofrenda delante del altar, y ve primero a reconciliarte con tu hermano, y después volverás a presentar tu ofrenda."

Estas palabras misteriosas lo confunden. Es preciso que su corazón esté limpio de rencor. Debe ir a buscar a su enemigo, a aquel a quien ha ofendido, debe reconciliarse con él, pedirle perdón, y después volver al altar.

Entonces se abrirá la cancela.

No se va al altar con una ofrenda externa, si antes el corazón, mediante un sacrificio, no preparó la ofrenda interior.

Algo semejante enseña el salmo maravilloso que Sacerdote y acólito (el cual acólito representa el pueblo). dialogan juntos al pie de las tres gradas que les separan del altar.

En esto, uno expresa la determinación de aproximarse al altar de Dios. Está triste, pero sabe que toda alegría viene del Señor. Se siente perseguido y pide justicia a Dios:

"Júzgame Tú, oh Dios, y toma en tus manos mi causa; líbrame de una gente impía y del hombre inicuo y engañador."

Pero su tristeza no desaparece. Pide a Dios entonces: "Envíame tu luz y verdad! Ellas me han de guiar y conducir a tu monte santo, hasta tus tabernáculos, y entonaré siempre tus alabanzas, mi Salvador y mi Dios."

Pero su alma permanece sin consuelo.

"¿Por qué estás triste, alma mía y por qué me conturbas?"

Pero, el hombre lleno de soberbia, que se cree superior a los demás, no puede subir las gradas, y su invocación a la luz divina como la promesa de entonar sus alabanzas quedan sin efecto.

Pues sólo un hombre puede aproximarse a Dios, el penitente, un hombre humilde que dice postrado y arrepentido:

"Confieso ser un pecador. ¡Ten misericordia de mí!"

La Subida

Entonces el Sacerdote asciende, sube los tres escalones de las tres virtudes teologales: Fe, Esperanza y Caridad.

El Encuentro con los Santos

Su primer encuentro es con los Santos, y casi conmovido de reverencia y de ternura, el Sacerdote se inclina y deposita un beso sobre el altar en el lugar que ocupa el ara sagrada. "Vosotros, cuyas reliquias están aquí, interceded por mi cerca de mí cerca de Dios Señor." Los centinelas de Dios dejan libre el paso al hombre arrepentido, quien al fin llega al altar y puede decir:

"voy a aquel Dios que es la alegría de mi juventud."

El Arrepentimiento

El Sacerdote y el acólito parecen inmovilizados ante las gradas, como si un obstáculo les impidiera el avanzar.

Pero, de repente se ve al Sacerdote cambiar de postura. El, que estaba erguido, se inclina profundamente con el rostro hacia el suelo y con la mano derecha cerrada se golpea el pecho; después se vuelve hacia el acólito, esto es al pueblo, y habla:

"Hermanos: Para celebrar dignamente estos sagrados misterios, reconozcamos nuestros pecados."
Entonces el acólito y todos los presentes, postrados, se confiesan igualmente en alta voz. Y el padre (el Sacerdote) se dirige a ellos, como a hermanos; los presentes, a él como padre y recíprocamente imploran rogar los unos por los otros, invocando la divina misericordia y el perdón.

El Libro abierto

Volviéndose hacia la izquierda del altar se aproxima al Libro abierto. Lo primero que lee es el "Introito", versículos de un salmo, que varía según la Misa.

Como si el deseo realizado de aproximarse al altar de Dios hiciera su alma aún más sensible, el Sacerdote, que antes había pedido sencillamente perdón y ayuda, como un hombre arrepentido, ahora, en el ímpetu de su corazón lanza un grito, un grito repetido tres veces, como una invocación solemne a la Santísima Trinidad.

El Grito

A este grito contesta alternativamente el acólito:

"¡Señor, ten piedad de nosotros!"

"¡Cristo, ten piedad de nosotros!"

"¡Señor, ten piedad de nosotros!"

El Canto de alegría

Está en el centro del altar y une las manos. Le invade una alegría indecible, aquella "alegría de la juventud" que al principio invocaba al pie de las gradas. Es feliz en Dios, como aquellos pastores que en la noche de Navidad vieron una gran luz en torno a la choza de Belén y oyeron las músicas angélicas que anunciaban la llegada del Redentor.

El mismo himno brota de su corazón:

"¡Gloria a Dios en las alturas!"

"Y paz en la tierra a los hombres de buena voluntad", continúa juntamente con él el acólito. Y todo el pueblo se une al himno de alabanzas.

"Nosotros te ensalzamos, Te bendecimos,

Te adoramos,

Te damos gracias

Por tu inmensa gloria.

¡Oh, Padre omnipotente!

Y Tú, Jesucristo, Cordero de Dios,

Tú que borras los pecados del mundo,

¡Ten piedad de nosotros!

Porque Tú solo eres el Santo,

Tú solo eres el Señor

¡Oh, Jesucristo!

Juntamente con el Espíritu Santo

En la gloria de Dios Padre."

Las Lecturas

Ahora se callan.

El Sacerdote comenzará las lecturas instructivas acompañadas de oraciones y versículos de salmos que son propios de la Misa del día.

Sin embargo, antes de comenzar esta parte especial, se vuelve hacia el pueblo y lo saluda, de pie en el centro del altar, al que vuelve un momento las espaldas. "El Señor sea con vosotros.

Y le contesta el pueblo, por medio de la voz del acólito.

"Y con tu espíritu."

El Sacerdote va a leer el Libro santo, hojeándolo para encontrar las diversas partes propias del día.

-Las Oraciones

Busca primeramente la oración u oraciones breves que se llaman "Colecta".

Este nombre significa "reunión" o "asamblea." La colecta se llama así, porque es la oración de la "asamblea", del "conjunto" de los fieles, y porque es como un "resumen" o compendio de los deseos y votos de la Iglesia allí presente, y también porque en ella el Sacerdote "recoge y recopila" las súplicas de los fieles.

Con el corazón atentos prestaremos atención a lo que se nos va a enseñar.

El Sacerdote procede como un maestro que llama la atención de sus discípulos antes de comenzar una lección difícil y preciosa.

Y nos dice que estemos todos unidos, agrupados con el corazón en Torno suyo. Mientras tanto, él en la Colecta ofrece al Señor los votos de todos los presentes.

Epístola

La primera lectura lleva el nombre de "Epístola", porque generalmente se lee algún trozo de las cartas (epístolas) que escribían los primeros Apóstoles de Jesús, especialmente San Pedro y San Pablo. Estos instruían y daban consejos a los primeros cristianos que estaban lejos y tenían necesidad de ser sostenidos en la fe, iluminados sobre las virtudes cristianas y animados a obrar bien, para lo cual era necesaria mucha constancia en aquellos tiempos de gran sacrificio, cuando los cristianos eran pocos, estaban esparcidos y con frecuencia perseguidos cruelmente.

Sin embargo, bajo el título de epístola, algunas veces se leen los "Hechos de los Apóstoles," esto es, la historia de los actos heroicos o maravillosos, realizados por los primeros discípulos de Jesús después de su muerte.

Finalmente, bajo el mismo título, se encuentran algunos trozos bíblicos históricos, sapienciales y especialmente los relativos a las profecías que se refieren a nuestro Señor, el Mesías tan esperado, descrito ya minuciosamente siglos y siglos antes de su encarnación por los profetas de Israel.

Un poco cada día, pues, se van leyendo las Sagradas Escrituras, cuyo contenido se distribuye sabiamente durante el año, como si una maestra que a la vez fuese nuestra madre cariñosa nos diera lecciones breves y atractivas, siempre variadas, para hacernos conocer las cosas santas. Esta madre llena de ternura y sabia maestra es la Iglesia, que ha distribuido la instrucción de los fieles, subdividiéndola a lo largo de todo el año litúrgico.

El Gradual

Apenas concluida la lectura de la epístola, el Sacerdote lee el Gradual. Antiguamente era un canto de salmos, a los cuales contestaba el pueblo con gritos de alegría: "¡Aleluya! esto es, "Alabad a Dios". Y como los cantores, Inflamados de fe, iban a cantar sobre las "gradas" del altar, el canto se llamó "Gradual".

El Evangelio

He aquí un momento solemne.

Está para llegar la palabra de Jesús; es la enseñanza de Cristo la que recibiremos dentro de poco.

Grande es la expectación religiosa de nuestro corazón. Todo cambia al aproximarse la palabra divina. He aquí el momento culminante de la Misa de los Catecúmenos: "Hemos venido para escuchar la palabra del divino Maestro. ¡Pongámonos todos en pie!"

El libro que estaba a la izquierda del altar es portado a la derecha de este, para indicar cuán distinta es la voz hombres de la de Dios.

El Sacerdote se siente inferior a su misión de transmitir la palabra del Señor. Querría ser digno, querría ser puro. Y ved que se detiene, con la cabeza inclinada, en medio del altar para elevar a Dios la bellísima e inflamada plegaria

"Limpia mi corazón y mis labios, ¡oh Dios omnipotente, Tú que limpiaste los labios del profeta Isaías con un carbón encendido!" Entonces pasa a la derecha.

Está frente al libro, abierto por el Evangelio que la Iglesia ha establecido en aquel día.

El Sacerdote saluda y llama a la vez a aquel pueblo que, en pie y poseído de la gran solemnidad del momento, está dispuesto para signarse con las tres cruces tan pronto como lo haga el Sacerdote.

"El Señor sea con vosotros", dice el Sacerdote.

"Y con tu espíritu."

El Sacerdote inicia la lectura:

"Del Santo Evangelio según..."

Hace la señal de la cruz sobre el libro y después tres pequeñas cruces sobre la frente, los labios y el pecho para santificar los pensamientos, las palabras y las obras. Después lee el Evangelio del día.

Apenas terminado, el acólito dice:

"¡Gloria a ti, Señor Jesús!", mientras el Sacerdote besando devotamente el libro, murmura:

"Por este santo Evangelio, sean perdonadas nuestras culpas."

-Así es

Después de la predicación de Cristo ¿qué debemos hacer nosotros?

Proclamar en alta voz nuestra fe. El Sacerdote va al centro del altar y comienza a recitar el "Credo," seguido de todos los presentes.

Todos están en pie.

Solamente en la frase "y se encarnó..." Sacerdote y pueblo inclina la cabeza permaneciendo recogidos hasta las palabras: "Y se hizo hombre." Después sigue el Credo hasta el fin. La respuesta última "Amén afirmación que es equivalente a decir:

"Así es; yo lo crea. "

Luego, se anuncia que comienza la Misa de los Fieles.

LA MISA DE LOS FIELES

La ofrenda

Después de aquel saludo de despedida, se ausentaban antiguamente los catecúmenos, porque a la Misa de los Fieles sólo podían admitirse los iniciados, los cristianos que ya habían recibido la instrucción y el bautismo.

En aquel instante muchos de los fieles llevaban sus ofrendas al altar. Durante el movimiento de ir y venir se pedían limosnas para los hermanos pobres o se leían en voz alta los nombres de los bienhechores. Pero aquel bullicio quedaba amortiguado por el canto que se entonaba a coro, un salmo que variaba según el día y tomaba el nombre de "Ofertorio."

De aquella escena antigua quedan hoy escasos vestigios. Quien no conoce la Misa, casi no se da cuenta de este pasaje; solamente los domingos se ven en ese momento personas que, con bandejas, van recogiendo limosnas entre los presentes; son las ofrendas. Es el último resto del uso antiguo. En cuanto al salmo, que antiguamente se cantaba todo, en el rito actual queda la lectura de una antífona que varía según las Misas. día. Es el Ofertorio del día. El Sacerdote lo lee en el misal, desde el centro del altar.

Comienza entonces por deshacer el envoltorio que estaba colocado sobre el lugar correspondiente.

Ya antes de comenzar la Misa, al subir al altar, había colocado la bolsa de los corporales al lado derecho del mismo altar y extendidos los corporales sobre el ara sagrado para poner encima de ellos el envoltorio. Ahora, quita el cubrecáliz y lo pone a su derecha, doblando o dejando que lo doble el acólito. Después toma el cáliz con todo lo que está encima y lo coloca también a su derecha cerca de los corporales. Luego, quitando la palia que está sobre la hostia, toma la patena con la hostia y hace la ofrenda de las especies del pan.

Eleva un tanto la patena que contiene las especies que se han de consagrar y ora: "Acepta, oh Dios mío, esta hostia inmaculada."

Mueve un poco la patena haciendo con ella la señal de la cruz e, inclinándola, deja resbalar la hostia directamente sobre los corporales, casi al medio y en el centro, y coloca la patena al lado derecho y debajo de los mismos corporales; y no lo vuelve a tocar hasta la terminación del "Padre Nuestro", que entonces lo coloca debajo de la Hostia consagrada, encima de los corporales.

Después de la ofrenda de las especies del pan, prepara el Sacerdote la ofrenda del vino. Va a su derecha, toma el cáliz, limpia cuidadosamente el interior de su copa con el purificador, vierte dentro de ella un poco de vino y unas gotas de agua, y dice: "Oh Dios, que maravillosamente creaste la naturaleza humana y más maravillosamente la reformaste, concédenos por el misterio de este vino y agua ser consortes de la divinidad de Aquel que se dignó participar de nuestra humanidad, Jesucristo."

Dentro de poco y por una Misteriosa mutación, estas simples substancias de pan y vino se convertirán en el cuerpo y sangre del Hijo de Dios, de Jesucristo Señor nuestro y participarán de su alma y su divinidad, y harán que nosotros también participemos de ello al recibir la sagrada Comunión.

Luego el Sacerdote vuelve al centro del altar y tomando el cáliz lo eleva un poco, y levantando sus ojos, como al ofrecer la hostia, dice: "Señor, te ofrecemos el cáliz de salvación."

Y haciendo con el cáliz, como con la patena, la señal de la cruz, lo apoya delicadamente donde antes estaba, de haber hecho con él la señal de la cruz Y después lo cubre con la palia.

Ya están ofrecidas las Especies.

El Sacerdote permanece absorto, turbado: con la mirada fija sobre éstas, las manos juntas y apoyadas en el borde del altar. Recuerda como debe ser el alma del hombre que quiere alcanzar al Señor:

"Nos presentamos a Ti, Señor, con espíritu humillado y corazón contrito, y que nuestro sacrificio te sea grato." Se le ve a continuación enderezarse y lanzar una mirada suplicante hacia el Cielo:

"¡Ven, oh Dios santificador, omnipotente, eterno, y bendice este sacrificio."

Sus manos se habían separado y se alzaban hacia lo alto, como si el Cielo las atrajese; las dos estaban suspendidas como una ofrenda.

Aquellas manos han de tocar, dentro de poco, el cuerpo de Cristo.

El Sacerdote parece estremecerse a este pensamiento. Y como al ir a leer el Evangelio suplicó que fuesen purificados sus labios, siente ahora la necesidad de purificar también las manos.

Va a la izquierda del altar. El acólito presuroso y poseído de las cosas grandes que van a suceder ha acercado ya la vinajera con agua, un platillo y la toalla, y deja caer el agua sobre los dedos del Sacerdote.

Mientras se lava, se estremece por el acontecimiento inminente.

"Lavaré mis manos entre los inocentes. Señor, he amado el esplendor de tu casa. No pierdas mi alma. Gloria al Padre, al Hijo y al Espíritu Santo."

La ofrenda se hace a la Trinidad; hay que declararlo formalmente, expresar la intención que nos anima.

"¡Acepta, oh Santísima Trinidad, esta oblación que te ofrecemos en memoria de la Pasión, Resurrección y Ascensión de Jesucristo. "

Ahora es preciso recordar las almas grandes y los Santos. Sí, queremos que nuestra ofrenda redunda en su honor, en honor de la Virgen María y de los Santos, y que ellos, benignamente, intercedan por nosotros, puesto que al aproximarse el gran momento les recordamos en la tierra. Todo es por Jesucristo.

El Sacerdote oró así de este modo, permaneciendo inclinado con las manos juntas.

El pueblo aguarda silencioso.

Y el Sacerdote no lo olvida; después de depositar un beso sobre el altar, se vuelve:

"Rogad, hermanos. Este sacrificio es conjuntamente mío y vuestro."

"El Señor acepte el sacrificio de tus manos", se apresura a contestar por todos el acólito, "para provecho nuestro y de toda la santa Iglesia".

Sacerdote y acólito han hablado en voz alta.

Después callan. El "Amén" que contesta el Sacerdote es casi ininteligible. Ha mirado a todos, y el iniciado que sabe, ha comprendido; es un secreto del que no se habla. Cuando el Sacerdote llega al libro lee la "Secreta" en voz baja.

La ofrenda que está haciendo, la repite en secreto cada uno por sí mismo; pues ya que se ofreció el pan v el vino ofrezcamos también el corazón... Cada uno, tácitamente, hace la ofrenda propia y en este instante de silencio, altar y pueblo parece que vayan a elevarse todos juntos en busca del Cielo.

El gran ceresional

El "Canon" o "Acción" es el centro de toda la Misa, es tan solemne, que se comienza con un Prefacio, es decir, con una preparación, con un recibimiento.

Después de esto viene el Sacrificio.

Aquel momento en que, a las palabras de la santa Cena, desciende Cristo vivo, recuerda la Pasión, y precisamente el tiempo de la vida del Mesías, en que se sacrificó en la Cruz por nosotros. El Sacrificio es el centro de toda la Acción, y por eso esta palabra da el nombre a toda la Misa. El Sacrificio de la santa Misa.

Antes, sin embargo, procede una demostración de exaltación y de gloria al Mesías, como también acaeció históricamente, cuando Jesús fue acogido en Jerusalén con aclamaciones y saludado con palmas.

"Hosanna, Hosanna! ¡Bendito sea el que viene en nombre del Señor!"

El Prefacio (El Hosanna)

En el rito de la Misa, la iniciación del Prefacio está precedida de la voz resonante del Sacerdote que estaba leyendo la Secreta en voz baja.

Concluye una oración muda que había comenzado interiormente y casi como despertándose grita:

"Por todos los siglos de los siglos."

Mentalmente había rogado a Cristo y dijo:

"Tú serás glorificado sin límite."

El pueblo, igualmente, sale de su callada meditación y ve al Sacerdote dirigirse a él con uno de sus saludos, que casi siempre son una llamada para que se preste atención:

Dominus vobiscum.

Y súbitamente se alegra su espíritu: "¡Levantemos el corazón!"

"Ah", contesta alegremente el acólito, " Lo tenemos levantado hacia el Señor. "

Todos experimentan la misma alegría tumultuosa, El, está para llegar.

"Demos, pues gracias a Dios", añade el Sacerdote, que siente la necesidad de expresar su gratitud, de saludar al Señor y desea que en dicho deber el pueblo le ayude tomando parte con él.

"Es justo y necesario", contesta el acólito.

"Sí", prosigue el Sacerdote, "en verdad es justo y necesario, es nuestro deber y salvación darte gracias, Padre santo, siempre y en todo lugar, por Jesucristo, tu Hijo amado. "

El Sacerdote ha comenzado un discurso.

Habla de Dios con tal solemnidad, que el pueblo se pone en pie para escucharlo.

"¡Te damos gracias, Señor santísimo, Padre omnipotente, eterno Dios. Por Cristo nuestro Señor!"

"Tu majestad es ensalzada por los Ángeles y adorada por las Dominaciones, y de ella tiemblan las Potestades."

"Mientras los bienaventurados Serafines la celebran con recíproca alegría."

"Oh, Señor, te lo rogamos. Haz que también sean admitidas nuestras voces. "

Súbitamente el acólito coge la campanilla y la hace sonar vivamente en la señal de solemnidad; y todo el pueblo cae de hinojos, lanzando con el Sacerdote vivas al Señor:

"¡Santo, Santo, Santo, ¡Señor Dios de los ejércitos!"

"El cielo y la tierra están llenos de tu gloria."

"¡Hosanna en lo más alto de los Cielos!"

"¡Bendito el que viene en nombre del Señor!"

EL SACRIFICIO

El Rito antiguo

La parte central de la Misa de los fieles, que está ahora a punto de comenzar y que se llama "Sacrificio", corresponde y sustituye a los antiguos ritos de las religiones paganas y también de la religión del pueblo elegido.

Los ritos no los constituían las oraciones solamente, sino también las "ofrendas" a la divinidad, a la cual se hacía un don, un regalo material. Sin embargo, no pudiendo presentar una ofrenda a la divinidad invisible, se destruía un objeto en honor suyo, y generalmente se mataba un ser vivo, la víctima del holocausto. Esto se realizaba de modo solemne después de consagrar sobre un lugar elevado ("altares" o altar) la víctima designada.

Este hecho de hacer sagrado un objeto, se llamaba "sacrificio". Y como el acto se realizaba sobre el altar, se llamaba "sacrificio del altar". En el lenguaje común la palabra sacrificio el significado de privación, porque el objeto donado a la divinidad representaba una privación para quienes lo ofrecían, pues se inmolaba el objeto más digno y caro. La Biblia muestra a Abel el justo, que sacrificaba a Dios el más bello cordero de su rebaño, y nos cuenta que Abrahán, el patriarca, obedeció inmediatamente la orden del Señor cuando le pidió que sacrificase a su hijo único, pues ninguna privación le parecía, jamás, bastante digna de Dios.

El acto de hacer sagrada la víctima, era función del Sacerdote que le imponía las manos y las tenía extendidas sobre ella; entonces, la víctima consagrada era llamada "hostia". El acto de consagración se realizaba con vistosas ceremonias y pompa. Después tenía lugar el holocausto, y el animal sagrado era muerto generalmente haciendo correr su sangre.

La finalidad de ofrecer la víctima sobre el altar, además de rendir homenaje a la divinidad, era aplacarla si estaba ofendida y hacerla propicia a obtener su protección.

Estos usos religiosos parecen sorprendentes a nosotros. los cristianos; pero eran la expresión de un sentimiento natural en el hombre. También entre las personas humanas es frecuente hacer ofrendas semejantes a éstas, por ejemplo, cuando cortamos con las tijeras una flor hermosísima para ofrecerla como homenaje, hacemos una víctima, porque tronchamos la vida de la flor. Si aquel a quien queremos honrar es un gran personaje, buscamos las flores más raras, más perfumadas y las adornamos, envolviéndolas en encajes de papel y de seda, atándolas con cintas vistosas.

La persona que hace la ofrenda se viste cuidadosamente y estudia los gestos adecuados, las reverencias con que ha de presentar la ofrenda. He aquí el ejemplo de un holocausto ofrecido con ceremonia y pompa. Es comprensible que el mismo deseo fuese expresado con mayor lujo y cuidado cuando se trataba de dirigirse a la omnipotente divinidad.

El nuevo Rito

Fue Jesús quien nos enseñó una nueva doctrina, la cual no se basa en el instinto humano, sino en una revelación de la divina Sabiduría.

"A Dios no le agradan los holocaustos", nos ha dicho Jesús. "Ofreced a Dios el espíritu arrepentido, el corazón contrito."

La sabiduría de esta enseñanza es muy profunda.

No es grato a Dios el sacrificio de una cosa que nos es querida;

desea la parte más íntima de nuestro corazón. En vez de un don hecho por todo el pueblo, quiere los donantes.

En efecto, ¿qué es el holocausto? Es un signo que tiene valor solamente por su significado de devoción y de homenaje. Pero, si la persona que lo recibe es nuestro Rey y Señor absoluto no puede quedar satisfecho. Lo que un rey desea es que sus súbditos le amen, le sean fieles, trabajen para producir riquezas y monumentos, obras inmortales, finalmente, que construyan un reino poderosísimo.

Jesús, pues, ha puesto ante nosotros la realidad de las cosas en vez de la apariencia que puede representarlas, y con esto ha iluminado el espíritu de los fieles.

"Y ceda ya el antiguo documento a los ritos de nuevo instituidos; constante nuestra fe dé suplemento al defecto de luz de los sentidos." Verdaderamente el rey quiere de sus súbditos una entrega plena: su misma vida. Quiere que estén dispuestos a darle todo: la voluntad, las fuerzas, los hijos, la sangre.

Pero no como un "homenaje." "homenaje." ¡Ay de aquel soberano que tuviese súbditos tan locos que se suicidasen todos para ofrecerle un sacrificio! No; deben estar dispuestos a todo, pero "cuando el rey lo quiera y en la forma que lo quiera".

Y Jesucristo no nos dio solamente una enseñanza, sino un ejemplo, con el fin de que lo imitemos.

Se ofreció a Sí mismo en sacrificio, como había sido prescrito y querido por Dios, con todas sus particularidades, y haciéndolo, fue obediente al Padre hasta la muerte y muerte de cruz.

¡Ah! En aquel momento en que la sangre de Jesús corría por el Gólgota, el mundo entero era un altar, y una sola gota de aquella sangre bastaba para lavar todos los delitos del mundo.

La Misa representa siempre el sacrificio realizado sobre el altar y la oferta de una víctima propiciatoria que vierte su sangre. La ofrenda se hace a un Dios que, con razón, está indignado los pecados de los hombres, y la ofrenda se hace para tenerlo propicio y obtener misericordia, gracia y bendición.

Pero en el nuevo rito, la víctima es siempre Cristo, que se sacrificó por nosotros con el fin de redimirnos, de tal modo que nos hace partícipes de la divinidad. La hostia del nuevo rito es el pan consagrado, el cuerpo vivo de Cristo.

La Misa renueva continuamente el holocausto, en aquel momento en que el Señor desciende a las especies consagradas; pues la elevación de la Hostia y el cáliz representan la elevación de la Cruz.

El canon

Las ceremonias que acompañan al sacrificio del altar se hallan establecidas por reglas que constituyan el rito, esto es, el ceremonial de la Misa.

Especialmente en esta parte del sacrificio y de ofrenda es en donde todos los actos están determinados; por esto dicha parte central del rito se llama "Canon", que quiere decir precisamente "Regla."

En el rito sobresale la acción que representa la última Cena; la escena se repite por el Sacerdote, el cual representa a Cristo. Y repitiendo sus actos y sus palabras, con estupenda maravilla, repite también su milagro.

"En la noche de la última Cena, sentado a la mesa con los hermanos, el Verbo encarnado, con su palabra, de verdadero pan hace carne y el vino se convierte en sangre de Cristo.

"Y si la inteligencia no comprende cómo puede renovarse semejante prodigio, basta la fe sola para persuadir un corazón sincero.

"¡Canta, oh lengua mía, el misterio del cuerpo glorioso y de la preciosa sangre que, para rescatar el mundo, esparció el Rey del universo!

"Veneremos postrados el santísimo Sacramento, y las antiguas hostias cedan el lugar al nuevo rito.

"La fe, después, supla lo que falta a los sentidos."

Los Dípticos

Para esclarecer la parte central de la Misa de los fieles, conviene separar de lo que se refiere la ofrenda y al sacrificio del altar algunas oraciones que se hacen en dicha ocasión para recomendar a Dios los vivos y los muertos y para pedir a los Santos la ayuda de sus oraciones y de sus méritos. Estas oraciones se llaman "Dípticos", porque antiguamente en unas tablillas, en largas filas, se inscribían los nombres de las personas vivas de las fallecidas que se querían recomendar en el "Memento de los vivos" y en el "Memento de los muertos."

También en la invocación a los Santos hay una larga lista de nombres propios.

Esta costumbre revela un acto de amor y al propio tiempo de gran fe. Está para llegar el Señor, aquel que dijo: "Pedid y se os dará."

Mientras el Sacerdote le invoca, con aquel poder que le viene de la promesa de Cristo, y sigue el ceremonial establecido en el Canon para lograr el milagro esperado, es natural que el pueblo (y el mismo Sacerdote] se adelante para solicitar gracias para sí y para aquellos que ama en esta vida. Como también, que después implore gracia de aquel que "descendió a los infiernos" para obtener la liberación y la paz de las almas de sus difuntos.

Igualmente, en Palestina, al paso del Señor, muchos se aproximaban a Él para pedirle la curación de personas ausentes, como el Centurión que pide la salud de su criado moribundo.

Quien verdaderamente cree que es aquel Cristo vivo, que llega realmente a nosotros en la Misa, se ve impulsado a pedir, como hacían las gentes que lo encontraron en su vida terrenal.

Para responder a tales sentimientos se conceden estas expansiones en el rito de la Misa. Durante el "Memento de los vivos" que tiene lugar casi al principio del Canon, como en el "Memento de los muertos" que es casi al final de este, cada uno recomienda y nombra a las personas queridas o aquellas por las cuales ha decidido rogar. Esto se hace en medio del más profundo silencio e inmovilidad, durante algunos instantes.

También el recuerdo de la Santísima Virgen María y de una larga serie de Santos es acto de unión espiritual inspirado por la fe. Porque en los momentos solemnes nos sentimos unidos a las personas que conocemos, como si nuestra memoria se iluminase y nos las hiciera distinguir una por una.

Precisamente en las cosas del mundo sucede algo semejante.

Si la multitud está aguardando a un gran personaje, a su llegada todos se conmueven. Se llama por sus nombres a las personas que pertenecen a su misma familia y procuran avanzar; cada uno mira si entre las personalidades conoce a alguien, y en ese caso la llama para solicitar algún privilegio, para obtener un puesto mejor desde el cual sea posible estar más cerca del gran personaje esperado.

Las oraciones de los dípticos son una participación formal de los cristianos en la Misa de los Fieles. No se oye en este momento al acólito contestar al Sacerdote, solamente se le ve arrodillado junto a él con la campanilla al alcance de la mano, pues esta será la única voz que entonces deberá resonar en el Templo.

Todo se desarrolla entre el Sacerdote y Dios, como si se tratase de un diálogo misterioso.

La acción

El Sacerdote no se separa ya del centro del altar; el libro está junto a él, colocado oblicuamente a su izquierda, de modo que pueda leerlo sin moverse

Las manos del Sacerdote, con el gesto expresan más que las palabras, porque estas últimas no se perciben. El Sacerdote murmura quedamente, ya alzando los ojos al cielo, ya bajándolos sobre la oblata que no toca jamás hasta el momento de la consagración. Sus manos están casi siempre levantadas, inmóviles y extendidas, en acto de invocación, o sino juntas en ademán de plegaria. En contraste con este estado de inmovilidad y de tensión de las manos orantes, se ve a éstas realizar repetidamente rápidas señales de la cruz sobre la oblata; son bendiciones que acompañan a veces, palabra por palabra, lo que el Sacerdote está diciendo. La bendición viene de Dios y se hace en forma de cruz. Pero aquellos actos rápidos, son como la respuesta de Dios en un diálogo misterioso.

El hombre, implora y ruega, y Dios bendice.

Dejamos al Sacerdote, después del "Santo" derecho, a pie firme en el centro del altar, ante la Hostia y el cáliz que poco antes presentó en el Ofertorio, alzándolos ligeramente sobre los Corporales.

Ahora, en cambio, no los toca. Los gestos solemnes de sus manos parecen invocar sobre ellos la bendición divina.

Extiende un poco las manos y en seguida las junta, alza la mirada al Cielo para bajarla después. Luego se reconcentra, inclinándose profundamente sobre el altar en el que apoya las manos.

"Por lo tanto, clementísimo Padre, nosotros humildemente te rogamos y pedimos por mediación de Jesucristo..."

Al pronunciar dicho nombre, su cabeza se inclina aún más, hasta tocar el altar, en el que estampa un beso, y las manos que se apoyaban en él se retiran y juntan sobre el pecho.

"Te dignes aceptar y bendecir..." Después, súbitamente, su mano derecha se mueve haciendo por tres veces la señal de la cruz sobre la oblata.

"Estos dones, estas ofrendas, estos santos e inmaculados sacrificios."

Ahora sus brazos, se abren y extienden con gesto de solemne invocación.

Pero de repente aquella invocación se detiene. Es el paréntesis debido al "Memento de los vivos" y al "Communicantes."

La oblata está siempre expuesta en espera.

Al Sacerdote le parece ver sobre los Corporales un corderillo inocente, humilde y mudo (la figura mansa de Jesús) que está a punto de ser sacrificado.

Y como hacían los grandes sacerdotes en los ritos antiguos cuando consagraban la víctima sobre el altar, él impone las manos teniéndolas inmóviles Y extendidas sobre la Hostia y el Cáliz.

"Dígnate, Señor, aceptar esta ofrenda que te presenta toda tu familia como homenaje de su dichosa servidumbre... y haz que seamos contados en el número de tus escogidos."

La blanca Hostia y el vino oculto dentro del cáliz están dispuestos y prontos sobre la mesa mística como estaban, hace tantos siglos, el pan y el vino sobre la mesa de la última Cena en el momento inminente de ser consagrados por la palabra de Cristo.

¡Dentro de poco se repetirá la misma escena, y el Sacerdote tendrá aquel mismo poder!

Pero antes, uniendo las manos en intensa plegaria, le pide a Dios que haga dignas las ofrendas de la gran mutación que va a sobrevenir.

"¡Oh Dios! te suplicamos que te dignes hacer que esta oblación sea en todo bendita, aprobada, ratificada... y se convierta para nosotros en el Cuerpo y Sangre de tu amadísimo Hijo y Señor nuestro Jesucristo."

Las cruces que bendicen acompañan a cada deseo expresado por la palabra. Primero hace tres cruces sobre la Hostia y el Cáliz juntamente, y después, una sola sobre la Hostia y otra sobre el Cáliz.

La consagración

Se inicia entonces la reproducción de la última Cena; el Sacerdote, narrándola con las palabras del Evangelio, realiza los primeros actos.

"El cual (tu amadísimo Hijo) la víspera de su Pasión tomó el pan en sus santas y venerable manos" (el Sacerdote toma la hostia entre las suyas.)

"y levantando sus ojos al Cielo, a Ti, Dios, Padre suyo omnipotente..."

(Alza la mirada al Cielo.)

"dándote gracias"

(Inclina la cabeza como saludando, y después, teniendo la Hostia con la mano izquierda la bendice con la derecha.)

"lo bendijo, partió y dio a sus discípulos, diciendo: Tomad y comed todos de él."

Ahora tiene la Hostia entre los pulgares e índices de las dos manos y se inclina, como hablándola quedamente;

se oye que pronuncia las palabras una a una con lentitud...

Entre tanto, el acólito va aproximándose de rodillas, alza con veneración el extremo de la casulla del Sacerdote, que es Cristo en este momento de milagro, y toca la campanilla entre el silencio profundísimo de la multitud postrada.

PORQUE "ESTE ES MI CUERPO"

Elevación de la Hostia

Pronunciadas estas palabras, también el Sacerdote cae de rodillas, adorando el Cuerpo de Cristo. Después se pone en pie y lo eleva en alto, a la vista de todos, que suspiran con él:

"Ah, ¡Señor y Dios míos!", podemos decir aquí con el apóstol Santo Tomás. "Nuestros ojos no ven sino pan; pero nuestra fe ve en la Hostia consagrada a Jesucristo Dios y hombre."

A continuación, apoya la Hostia consagrada sobre los corporales, pero aquellos dedos, que la tenían asida, pulgar e índice de ambas manos, siguen unidos como si no pudieran separarse.

Descubre el Cáliz, poniendo aparte la palia y vuelve a proseguir la reproducción de la última Cena:

"De modo semejante, después de haber cenado, tomando en sus santas y venerables manos este preclaro Cáliz..."

(El Sacerdote toma el Cáliz con ambas manos, pero sin separar los índices de los pulgares.)

"...y dándote igualmente gracias lo bendijo"

(El Sacerdote inclina la cabeza y sosteniendo con la izquierda el Cáliz un poco elevado, hace sobre él, con la derecha, la señal de la Cruz bendiciéndolo.) "y lo dio a sus discípulos, diciendo: Tomad y bebed todos de él."

Ahora, teniendo el Cáliz un poco en alto, habla hacia dentro de él, atenta, secreta y continuamente, pero separando las palabras una de otra:

"PORQUE ESTE ES EL CALIZ DE MI SANGRE,

DEL NUEVO Y ETERNO TESTAMENTO

MISTERIO DE FE:

QUE POR VOSOTROS Y POR MUCHOS SERA DERRAMADA

PARA EL PERDÓN DE LOS PECADOS."

El Sacerdote ha sido poderoso como lo fue Jesús. Lo que se encuentra ahora en el Cáliz es la Sangre de Cristo, como la que goteaba sobre el Gólgota cuando bañaba el leño de la santa Cruz.

El acólito, absorto y postrado, sostiene aún el extremo de la casulla y hace oír la campanilla, que resuena en todos los corazones como una conmemoración del sacrificio de Cristo.

Elevación del Cáliz

"Todas las veces que hiciereis esto, lo haréis en memoria mía", murmura el Sacerdote bajando sobre los Corporales el sagrado Cáliz, y después lo adora de rodillas. Para que todos lo vean, se alza en seguida y eleva el Cáliz, exponiéndolo a la adoración de todos los presentes.

Cuando lo ha vuelto a colocar sobre los corporales, permanece inmóvil, con los brazos extendidos con ademán de solemne adoración.

Se ha realizado la Elevación.

Ha llegado el momento de ofrecer al Eterno Padre la Hostia que debe aplacar y hacer propicia su divina Majestad.

Haciendo la ofrenda, el Sacerdote conmemora a Jesús, según su mandato:

"Nosotros tus siervos e igualmente tu pueblo santo en memoria de la bienaventurada Pasión del mismo Cristo, tu Hijo nuestro Señor, y de su Resurrección y su gloriosa Ascensión, ofrecemos a tu excelsa Majestad la Hostia pura, la Hostia santa, la Hostia inmaculada."

Y mientras pronuncia estas palabras, sus manos hacen por tres veces la señal de la cruz sobre el Cáliz y la Hostia a la vez. Después, distinguiendo las dos especies entre las cuales está distribuida la unidad de Cristo, repite una señal de la cruz sobre la Hostia y otra sobre el Cáliz, diciendo respectivamente, en la continuación de la misma ofrenda:

"Te ofrecemos el Pan santo de la vida eterna y el Cáliz de la perpetua salvación. Extiende de nuevo los brazos y los mantiene extendidos hacia el Cielo. Suplica que las ofrendas sean acogidas, y piensa de nuevo en los justos, los patriarcas y sacerdotes que desde los primeros tiempos ofrecieron a Dios su sacrificio.

"Dígnate poner benignamente tus ojos sobre estos dones y aceptarlos, como te dignaste aceptar los dones que te ofreció tu siervo Abel, y el sacrificio de nuestro patriarca Abrahán y el que te ofreció tu sumo sacerdote Melquisedec."

Ahora está inclinado tan profundamente, que casi toca el altar con la frente, y apoya en su borde las manos juntas.

Medita sobre el gran instante y casi ve el trono de Dios, al cual deben llegar como ofrenda el Cuerpo y la Sangre de Jesucristo, de los cuales recibirán los hombres vida y salud eternas. ¿Quién podría dignamente elevarlos hasta el Padre Eterno?

"Te rogamos humildemente, oh Dios todopoderoso, que ordenes sean presentadas estas ofrendas por las manos de tu santo ángel en tu sublime altar, ante el acatamiento de tu divina Majestad, para que todos los participantes en este altar (y deposita un beso sobre él) recibamos los sacrosantos Cuerpo y Sangre Sobre él) de tu Hijo (acompaña estas palabras de una cruz sobre la Hostia y otra después sobre el Cáliz) y seamos llenos de toda celeste bendición y gracia."

El Sacerdote se santigua porque la ofrenda está realizada.

Reflexionando sobre este cúmulo de gracias y bendiciones que cubre a los presentes, acude a su memoria el recuerdo de aquellos que no pueden participar de él y que están en espera penosa, llenos de un deseo ardiente de Dios sin poderlo alcanzar todavía. Su corazón se le conmueve, especialmente cuando recuerda a sus muertos. Todos los fieles se asocian a este piadoso acto y aquí la

Misa se suspende un instante para el "Memento de los muertos."

Oraciones después de la Elevación

De repente se oye, como exclamando, la voz del Sacerdote; sus manos, que habían estado siempre en actitud de oración recuerdan ahora las del hombre arrepentido al pie del altar, porque cerrada la mano derecha, golpea el pecho.

"También a nosotros pecadores."

El hombre sumergido en Dios y olvidado de sí mismo, parece despertar y atrayendo la atención sobre sí, se reconoce pecador y llama a todo el pueblo con su voz que exclama. Pero después, recordándose del gran respeto que es necesario, vuelve al murmullo de las preces y pide por sí y por todos los circunstantes. Pide mucho, porque los presentes puedan pedir mucho; éstos se encuentran casi en las circunstancias de los primeros discípulos, que podían aproximarse íntimamente al Señor y le rodeaban mientras Él les hablaba del Reino de los Cielos.

"A nosotros que confiamos en la abundancia de tus misericordias, dígnate hacer que tengamos parte y seamos admitidos en la compañía de tus Santos."

Y los cita fervorosamente por sus nombres. "De tus apóstoles y mártires, de Juan, Esteban, Matías, Bernabé, Ignacio... Lucía, Inés, Cecilia..."

Después, se justifica de aquella petición máxima y añade:

"Te pedimos nos recibas, no precisamente por nuestros méritos, sino más bien por efecto de tu gracia."

Los fieles no serán atendidos en todos sus deseos como aconteció a los Zebedeos. Ellos han pedido el máximo, es cierto, pero también lo posible. Cada uno puede aspirar a la santificación, más aún, es para alcanzar la santidad por lo que queremos unirnos a Cristo. Él se hizo hombre y vuelve siempre a nosotros precisamente para esto; para conducirnos al Reino de los Cielos, en la gloria de la Santísima Trinidad.

Nuestras más altas aspiraciones son posibles, gracias a los méritos de Cristo: *Per Christum Dominum nostrum.*

"Por quien, Señor, siempre creas estos bienes (y con mística alegría hace las tres cruces, bendiciendo) y los santificas, los vivificas, los bendices y nos los repartes."

El Sacerdote descubre ahora el Cáliz apartando la palia y realiza el final de la gran ceremonia mística.

Toma la Hostia entre el pulgar y el índice de la mano derecha, y el Cáliz con la izquierda (conservando siempre unidos los dos, en esta mano, dedos que sujetaron la sagrada Hostia) y después hace, lentamente, tres signos de la cruz con la Hostia sobre el Cáliz de uno a otro borde, mientras pronuncia las tres afirmaciones: "Por Cristo, con El y en El."

Después, también con la Hostia, hace dos cruces entre el Cáliz y el propio pecho.

"Todo honor y toda gloria, por los siglos de los siglos. "

Diciendo esta última frase, alza un tanto el Cáliz con la Hostia sobrepuesta; después lo vuelve a apoyar en el lugar acostumbrado sobre los corporales y cubre el Cáliz con la palia, y hace genuflexión.

Su voz clara e inteligible, dice a todos que la felicidad a que aspiramos es eterna: "Por todos los siglos de los siglos".

"Así sea", dice el acólito, como para demostrar que estuvo unido al Sacerdote en todo cuanto hizo y pidió desde el principio hasta el fin.

Después de recibir tanta gracia, se necesita una oración final. ¿Quién podría encontrar una digna de este instante? Sólo el mismo Jesús.

"Oremos", dice el Sacerdote con las manos juntas, dirigiendo su exhortación a los fieles.

"Instruídos con los preceptos saludables y siguiendo fielmente las enseñanzas divinas que nos ha prescrito, nos atrevemos a decir."

Y con voz clara, delante de Cristo vivo, extendiendo otra vez los brazos con gesto de invocación, entona con el pueblo la plegaria universal:

"Padre nuestro que estás en los cielos, Santificado sea el tu nombre, Venga a nosotros tu Reino, Hágase tu voluntad, así en la tierra como en el cielo. El pan nuestro de cada día, dánosle hoy Y perdónanos nuestras ofensas, así como nosotros perdonamos a los que nos ofenden Y no nos dejes caer en la tentación."

"Mas líbranos de todo mal", dice la voz del acólito, a quien el Sacerdote contesta quedamente: "Así sea."

Paz

En la santa Cena, después de la consagración del pan y del vino, nuestro Señor dejó que sus discípulos obedecieran su orden: "Comed y bebed de él todos." El sacratísimo Cáliz pasó de boca en boca y también bebió Judas; se partió después el pan, y cada uno de los Apóstoles tomó una porción.

Es ésta la última parte de la Misa de los Fieles. "Nueva Pascua en la ley nueva

el Rey nuevo al mundo lleva,

y la antigua pone fin.

"Luz sucede a noche oscura,

la verdad a la figura,

el nuevo al viejo festín....

"Bajo especies diferentes,

sólo signos y accidentes,

gran portento oculto está.

"Sangre el vino es del Cordero,

care el pan, más Cristo entero

en cada especie se da.

"No en pedazos dividido,

ni incompleto, ni partido, todo se nos da a comer.

"Y uno o mil su cuerpo tomen,

todos entero lo comen,

ni comido pierde el ser.

"Lo recibe el malo, el bueno:

para éste, de gracia lleno;

para aquél, manjar fatal.

"Vida al bueno, muerte al malo,

da este célico regalo.

¡Ved qué efecto desigual!"

-Santo Tomás de Aquino

La Misa de los Fieles que reproduce la Cena, ha concluido ahora el gran ceremonial de la consagración de la Hostia y el Vino, cerrando aquel período de acción mística, con la recitación del Padrenuestro.

El pueblo, por boca del acólito, hace resonar en el templo la última invocación: "Mas líbranos de mal". Porque el acto a que ahora se preparan el Sacerdote y los fieles tendrá un efecto opuesto para quien obró bien y para quien obró mal, sea en pensamiento, en palabra o en obra. Quien osase comulgar con Jesús siendo perverso, no disfrutará jamás paz al igual que Judas y, como él, comería la muerte. En cambio, los buenos que comulgan con Jesús, comiendo el pan de los ángeles, reciben la paz sublime que se encuentro en el Reino de los Cielos.

"Líbranos, Señor, de todos los males pasados, presentes y futuros", dice el Sacerdote en voz baja. Y toma la patena entre el índice y el medio de la mano derecha; pues se prepara a comer en la sagrada

Mesa. Todavía los dedos pulgar e índice, que tuvieron el Cuerpo de Cristo, no pueden separarse.

"Por la intercesión de la bienaventurada y gloriosa siempre Virgen María, Madre de Dios", continúa en voz baja el Sacerdote: "y de tus bienaventurados apóstoles Pedro, Pablo y Andrés y de todos los Santos", (se santigua y como tiene la patena en la mano, lo hace con ella) "dadnos, propicio, la paz en nuestros días".

Pide la paz, que sólo puede venir de la comunión de Cristo. Y, después, besa la patena, pensando que ella es el plato sobre el cual tendrá lugar la angélica alimentación del alma.

"A fin de que, ayudados con el auxilio de tu misericordia, seamos siempre libres. del pecado y seguros de toda perturbación."

Preparación para la Comunión

El Sacerdote comienza ahora a preparar las Especies Eucarísticas sobre la mesa. Acompaña los primeros actos con las tres partes sucesivas de la frase en homenaje a la Santísima Trinidad, que con tanta frecuencia acude a sus labios.

"Por el mismo Jesucristo nuestro Señor e Hijo tuyo, Que siendo Dios contigo vive y reina en unidad del Espíritu Santo.

Por todos los siglos de los siglos."

En el primer acto, el Sacerdote coloca la patena debajo de la Hostia en los corporales y descubre el Cáliz poniendo a un lado la palia. Sobre los corporales está, pues, el plato con el pan y el Cáliz descubierto.

Toma entonces la Hostia del plato con los pulgares y los índices, como hizo en la elevación, pero la sujeta encima del Cáliz y la divide en dos partes, diciendo la primera parte de la frase

"Por el mismo Jesucristo Seños nuestro, tu Hijo."

El ruido al partirse la Hostia, hasta se oye a distancia, y esto causa impresión a quien la ama; cree asistir al acto cruel de aquel soldado que atravesó con su lanza el Corazón de Jesús. Pero al partir la Especie no se divide el Cuerpo vivo del Señor:

"Dividido el Sacramento, no vaciles un momento, que abarcado en el fragmento como en el total está.

"En la cosa no hay fractura, la hay tan sólo en la figura, ni en su estado ni estatura detrimento al cuerpo da"

-Santo Tomás de Aquino

En el segundo acto y mientras dice la otra parte de la frase:

"Que, siendo Dios, contigo vive y reina en unidad del Espíritu Santo", el Sacerdote vuelve a colocar sobre la patena la mitad derecha de la Hostia. Después, con la mano que ha quedado libre, quita un trocito de Hostia de la otra mitad y lo sostiene entre el pulgar e índice derechos, mientras con la mano izquierda coloca la mitad restante sobre la patena, junto a la mitad completa que ya allí se encontraba.

En el tercer acto alza un poco el Cáliz tomándolo por debajo de la copa con la mano izquierda, pero sin usar el pulgar y el índice, que se han vuelto a unir tan pronto como la Hostia fue colocada sobre la patena, y sosteniendo sobre el Cáliz aquel trocito de Hostia santa, completa la frase diciendo:

"Por todos los siglos de los siglos."

Hizo todo esto hablando en voz baja; repetía palabras sagradas manipulando las sagradas Especies.

Ahora, en cambio, se dirige en voz alta al pueblo acompañando las palabras de tres cruces bendecidoras. "La paz del Señor sea para siempre con vosotros."

Hace tres cruces con aquella partícula de Hostia y con la misma bendice la copa del Cáliz.

Y el pueblo devuelve en alta voz a su Sacerdote, el mismo augurio de paz, por boca del acólito:

"Y con tu espíritu."

Entonces deja caer la partícula dentro del Cáliz, diciendo:

"Esta mezcla y consagración del Cuerpo y la Sangre de nuestro Señor Jesucristo, sirva a nosotros, cuando la recibamos, para la vida eterna. Amén.

Luego cubre el Cáliz y se arrodilla ante las Especies sagradas, que ahora están prontas para el místico Banquete. "

Oraciones y actos de preparación para la sagrada Comunión.

El Sacerdote se detiene un instante meditando, y después cierra la mano derecha y con ella se golpea el pecho de forma que todos lo oyen; se golpea tres veces pidiendo misericordia y paz. Más fuertemente que cuando al pie de las gradas del altar recitó el Confiteor, porque ahora sabe que no está solamente para acercarse al altar, sino que debe confundirse con el mismo Dios, en la Comunión con el Cuerpo, la Sangre y la Divinidad de Jesucristo.

"Cordero de Dios, que quitas los pecados del mundo" -dice en voz alta el Sacerdote "ten piedad de nosotros".

"Cordero de Dios, que quitas los pecados del mundo, danos la paz."

El don prodigioso que está a punto de recibir será vida o muerte para él, según sea bueno o malo. Pero su corazón arde en deseos de unirse al Señor. Como un ciervo sediento corre en busca del manantial de las aguas, así va su alma en busca de Dios, y como un niño de pecho desea la leche espiritual.

Mas, para atreverse a realizar el acto sublime, ora a Dios a fin de que, así como hizo a las Especies capade convertirse en substancia divina, así prepare ahora su corazón para recibir dignamente al Señor. Y juntas las manos apoyadas sobre el altar, se inclina murmurando férvidas plegarias.

"Señor Jesucristo, que dijiste a tus Apóstoles

La paz os dejo,

Mi paz os doy,

No mires mis pecados, sino la fe de tu Iglesia...

Tú que diste con tu muerte la vida al mundo,

Líbrame... de todas mis iniquidades

Y de todos mis males...

La participación de tu Cuerpo,

Que yo, indigno, me atrevo a recibir,

No me sirva de juicio y condenación,

Sino que me sirva, por tu piedad,

De defensa del alma y del cuerpo y de medicina saludable..."

Se arrodilla ante el Sacramento del altar, y después declara lo que va a realizar.

"Tomaré el Pan celestial e invocaré el nombre del Señor."

La Comunión

Inclinándose ligeramente, toma las dos partes de la Hostia que están sobre la patena, con el pulgar y el índice de la mano izquierda, y pone la patena entre los dedos índice y medio de la misma mano, con el fin de que el plato esté siempre debajo de las Especies por el temar de que si cae una partícula pequeña pueda perderse. Después, golpeándose el pecho tres veces con la mano derecha cerrada, repite la frase humilde del Centurión lleno de fe, que pide a Jesús el milagro de sanar a su siervo enfermo en casa, pero sin ir allí, porque aquella casa no era digna de recibirle.

"Di una palabra solamente y mi siervo será salvado." El Sacerdote, repitiendo aquellas frases, dice en voz alta, solamente las primeras palabras, que todos perciben: "Señor, yo no soy digno." Pero todas las veces repite quedamente aquella frase, que tanto agradó a Jesucristo: "Señor, yo no soy digno de que entres en mi casa; pero una palabra tuya bastará para sanarme."

Hace entonces una cruz con la Hostia sabre la patena y dice: "El Cuerpo de nuestro Señor Jesucristo, guarde mi alma para la vida eterna. Amén." E inclinándose, comulga reverentemente las dos partes de la Hostia.

Puesta de nuevo la patena vacía sobre los corporales, junta las manos y adora por unos instantes el Santísimo Sacramento, que ya no está sobre el altar, sino encerrado en él, como en un sagrario.

¡La Patena quedó vacía! ¡la santa Hostia ha desaparecido Quien la admiró en la elevación, ya no la ve! Es como si el Señor hubiera sido encerrado en el sepulcro.

Pero sabemos que el sepulcro de Cristo es el lugar de su resurrección y, por lo tanto, es Cristo quien vive en el Sacerdote.

Este, sabiendo que Jesús está todo entero en cada partícula de la Hostia, aunque fuese una milésima parte, mueve la patena en torno dentro de los corporales, como si recogiese polvo invisible de partículas sagradas; y después, purifica aquella patena de oro reluciente, vacía e intacta, cepillándola toda cuidadosamente con el dedo, mientras la tiene inclinada sobre el Cáliz como para que caiga sobre éste lo contenido que su dedo empuja. Mientras ejecuta esta operación, habla y dice:

"¿Con qué pagaré yo al Señor todas las cosas que Él me ha dado?

Tomaré el Cáliz de la salud e invocaré el nombre del Señor.

Con alabanzas invocaré al Señor y quedaré libre de mis enemigos.

Entonces, con la derecha, toma el Cáliz y hace con él una señal de la cruz, diciendo:

"La Sangre de nuestro Señor Jesucristo guarde mi alma para la vida eterna. Amén."

Después, sosteniendo con la mano izquierda la patena bajo el Cáliz, a fin de recoger la gota más pequeña. que pudiese caer, bebe con reverencia todo el vino y la partícula que éste contiene.

"Venid y comed todos."

La Comunión de los fieles

El Señor descendió sobre el altar, sirviendo de intermediario el Sacerdote, pero vino para todos.

En la santa Cena, solamente los doce discípulos fueron los que recibieron su sagrado Cuerpo; pero, después de su gloriosa Resurrección y Ascensión, es la humanidad entera quien debe participar de ella, por los siglos de los siglos. Por esto los fieles que asisten a la santa Misa y reúnen las condiciones que pide el precepto, se aproximan al altar. Junto a él se halla dispuesta una larga mesa adornada con blancos manteles. y el misterio inefable de la comunión del hombre con Dios, está a punto de efectuarse. Nadie será rechazado, porque son llamados hombres y mujeres, viejos y niños.

Está presente en el ánimo de todos lo que abre las puertas de Dios, la humildad y el corazón contrito. Por esto, todos los fieles van ahora repitiendo en voz alta aquella misma confesión que hizo el Sacerdote para poder subir las gradas del altar. Mientras avanzan, con las manos juntas sobre el pecho, recogidos con adoración, dicen por boca del acólito:

"Yo pecador, me confieso a Dios todopoderoso,

a la bienaventurada siempre Virgen María,

al bienaventurado San Miguel Arcángel,

al bienaventurado San Juan Bautista,

a los santos Apóstoles San Pedro y San Pablo, a todos los Santos,

y a vos, padre,

que pequé gravemente

con el pensamiento, palabra y obra."

(Inclinada la cabeza en acto de contrición, todos se golpean el pecho.)

"¡Por mi culpa!

¡Por mi culpa!

¡Por mi grandísima culpa!"

Luego bendice a todos y les da la absolución en nombre de Dios:

"Dios todopoderoso tenga piedad de vosotros y, perdonados vuestros pecados,

os lleve a la vida eterna."

Entretanto, el sacerdote abre el tabernáculo para sacar el Copón y lo ha descubierto.

Después, tomando una partícula, la muestra a los que se aproximan al altar, diciendo:

"He aquí el Cordero de Dios,

He aquí el que quita los pecados del mundo.

Y todos repiten, golpeándose el pecho: "Señor!, no soy digno de que entres en mi casa, pero una palabra tuya y batará para sanar mi alma."

Todos están delante de la mesa; arrodillados uno junto a otro para tomar parte en el místico banquete; y el Sacerdote, pasando, se detiene frente a cada uno y le da una partícula, acompañándola con un saludo de gran consuelo:

"El Cuerpo de nuestro Señor Jesucristo guarde tu alma para la vida eterna. Amén."

Y dicho el himno, salieron

Así se cierra en el Evangelio la descripción de la última Cena, y también en la Misa cada uno se levanta y se va, mientras el Sacerdote dice en voz alta aquellas oraciones, aquellos himnos de acción de gracias que cada uno repite en su propio corazón.

"Haz, Señor, que recibamos con pureza de alma lo que hemos tomado por la boca, y que este don temporal se nos convierta en remedio sempiterno."

El Sacerdote, que ha tocado el Cuerpo de Cristo, se purifica ahora las manos. Sostiene el Cáliz y, teniendo sobre él los índices y pulgares de ambos manos, que no se habían separado todavía más que para coger la sagrada Hostia, deja que el acólito vierta sobre ellos vino y agua. Entretanto, expresa el deseo de que su alma esté penetrada por la gracia de Dios.

"Tu Cuerpo, ¡Señor!, que he recibido,

y tu Sangre, que he bebido,

adhiéranse a mis entrañas

y haz que no quede en mí mancha alguna de pecado después de haber sido alimentado con tan puros y santos Sacramentos."

Después aun bebe los últimos restos del Sacramento que tocaron sus dedos, que ahora se separan y el Sacerdote los seca. Luego, seca el Cáliz diligentemente con el purificador y, doblados los corporales, pone todas las cosas en el mismo orden que al principio.

Entretanto, el acólito va a tomar el libro que estaba en la derecha del altar y lo coloca nuevamente en el lugar preciso que ocupaba al principio de la Misa.

El Sacerdote se aproxima y lee algunas oraciones que son las propias del día.

Ahora la Misa ha concluido. El Sacerdote, en medio del altar, saluda a los circunstantes con un *Dominus vobiscum*, que quiere decir "Adiós". decir "Adiós", y añade después:

"Ir en paz. La Misa ha concluido.'

Pero el Sacerdote permanece en medio del altar y todos se arrodillan para tomar parte en su última oración, en el saludo que dirige a la Trinidad omnipotente.

"Séate agradable, oh Santa Trinidad, el obsequio de mi servidumbre, y haz que el sacrificio que acabo de ofrecer, aunque indigno a los ojos de tu Majestad, sea aceptado y que para mí y para todos aquellos por quienes lo he ofrecido, sea propiciatorio por tu misericordia." Entonces se vuelve de nuevo a la multitud arrodillada y le comunica la respuesta del Altísimo: "Bendíganos Dios omnipotente, Padre, Hijo y Espíritu Santo."

Y hace con la mano el signo de bendición. Todos se santiguan solemnemente, como se signaron al iniciarse la Misa.

Pero el sacerdote no se va, ni tampoco el pueblo. Parecen todos unidos para escuchar todavía una palabra que hable Jesús. La Misa ha concluido, es cierto, pero a ninguno le es posible alejarse.

El Sacerdote va hacia la derecha del altar, donde leyó antes el Evangelio. El libro ya no está allí, pero hay un cuadro, una página escrita por San Juan. Todos escuchan en pie las palabras de quien conoció a Jesús tan largamente y lo amó tanto:

"En el principio era el Verbo, y el Verbo estaba con Dios, y el Verbo era Dios. Él estaba en el principio con Dios.

Por El fueron hechas todas las cosas...

Él era la luz verdadera que ilumina todo hombre que viene a este mundo....

El mundo fue hecho por él. ¡Y el mundo no le conoció! Vino a su propia casa,

¡Y los suyos no le recibieron!

Pero a todos los que le recibieron, que son los que creen en su nombre, les dio poder de llegar a ser hijos de Dios.

El pueblo responde:

"Demos gracias a Dios"

AGRADECIMIETOS

Queridos lectores,

En este punto de nuestra travesía espiritual a través de estas páginas, no podemos expresar lo agradecidos que estamos por su interés en fortalecer y enriquecer su fe junto con Maria Montessori.

Les invitamos a unirse a nuestra comunidad en las redes sociales, donde podremos compartir reflexiones y crear un espacio de diálogo enriquecedor. Encuentrennos en Instagram y Facebook con el nombre de usuario @espeyluis.

Juntos podemos construir un puente de amor y conocimiento que fortalezca nuestra conexión con la fe y nos guíe en este camino de descubrimiento espiritual que la sociedad necesita.

Con gratitud y esperanza en nuestros corazones,
Esperanza Fernández

Made in United States
Orlando, FL
06 December 2024

55080222R00050